Luz no Lar

Chico Xavier

Luz no Lar

(Seleta para uso no Culto
do Evangelho no Lar)

Por Espíritos diversos

FEB

Copyright© 1968 *by*
FEDERAÇÃO ESPÍRITA BRASILEIRA – FEB

12ª edição – Impressão pequenas tiragens – 3/2025

Revisado de acordo com a edição definitiva (1ª edição/1968).

ISBN 978-85-7328-641-0

Todos os direitos reservados. Nenhuma parte desta publicação pode ser reproduzida, armazenada ou transmitida, total ou parcialmente, por quaisquer métodos ou processos, sem autorização do detentor do *copyright*.

FEDERAÇÃO ESPÍRITA BRASILEIRA – FEB
SGAN 603 – Conjunto F – Avenida L2 Norte
70830-106 – Brasília (DF) – Brasil
www.febeditora.com.br
editorial@febnet.org.br
+55 61 2101 6161

Pedidos de livros à FEB
Comercial
Tel.: (61) 2101 6161 – comercial@febnet.org.br

Adquirindo esta obra, você está colaborando com as ações de assistência e promoção social da FEB e com o Movimento Espírita na divulgação do Evangelho de Jesus à luz do Espiritismo.

Dados Internacionais de Catalogação na Publicação (CIP)
(Federação Espírita Brasileira – Biblioteca de Obras Raras)

X31   Xavier, Francisco Cândido, 1910–2002

Luz no lar: (seleta para uso no Culto do Evangelho no Lar) / por Espíritos diversos; [psicografado por] Francisco Cândido Xavier. – 12. ed. – Impressão pequenas tiragens – Brasília: FEB, 2025.

180 p.; 21cm

ISBN 978-85-7328-641-0

1. Bíblia e Espiritismo. 2. Espiritismo. 3. Obras psicografadas. I. Federação Espírita Brasileira. II. Título.

CDD 133.93
CDU 133.7
CDE 80.03.00

Sumário

Antecâmara 9
Emmanuel

1. Culto cristão no lar 12
Emmanuel

2. Jesus em casa 14
Irene S. Pinto

3. Angústia materna 16
Sebastiana Pires

4. Meu lar 24
João de Deus

5. No reino doméstico 25
Irmão X

6. Colombina 29
Júlia Cortines

7. Mãe 30
Irmão X

8. Sempre amor 34
Jorge Matos

9. Luz no lar 35
Scheilla

10. Conversa em casa 37
Casimiro Cunha

11. Na intimidade doméstica 39
Emmanuel

12. Lamento paterno 41
José Guedes

13. Mãe 42
Meimei

14 Ternura maternal 44
    Carlos D. Fernandes

15 Verdugo e vítima 46
    Irmão X

16 Oração da criança 49
    Emmanuel

17 A lenda da criança 51
    Irmão X

18 O berço 54
    Bezerra de Menezes; Cairbar Schutel; Cármen Cinira;
    Rodrigues de Abreu; Cruz e Souza

19 Aborto delituoso 56
    Emmanuel

20 Filho que não nasceu 58
    José Guedes

21 Ante o divórcio 59
    Emmanuel

22 Oração à mulher 62
    Meimei

23 No templo do lar 64
    Pio Ventania

24 Renúncia 66
    Emmanuel

25 Carta paterna 68
    Neio Lúcio

26 Lei de amor 71
    Narcisa Amália

27 O grito de cólera 72
    Neio Lúcio

28 Professores diferentes 75
    Emmanuel

29 Companheiros mudos 78
    Emmanuel

30 Carta aos pais 80
    Casimiro Cunha

31	Um desastre	83
	Irmão X	
32	Solução natural	87
	Hilário Silva	
33	A infância	89
	André Luiz; João de Deus; Batuíra; Casimiro Cunha; Emmanuel	
34	Resposta do Além	91
	Irmão X	
35	Carta a meu filho	96
	J.	
36	Pequeninos	100
	Emmanuel	
37	Versos a minha mãe	102
	Da Costa e Silva	
38	Confidência de mãe	103
	Andradina de Oliveira	
39	História de um pão	104
	Irmão X	
40	Essas outras crianças	107
	Emmanuel	
41	Álbum materno	110
	Irmão X	
42	Cristo em casa	116
	Casimiro Cunha	
43	A mulher ante o Cristo	119
	Emmanuel	
44	Saudade vazia	122
	Jorge Faleiros	
45	Surpresa	123
	Irmão X	
46	No lar	126
	Emmanuel	
47	Coração maternal	128
	Meimei	
48	Trovas de mãe	130
	Delfina Benigna da Cunha	

49	Em casa 132
	Emmanuel
50	Provação materna 135
	Valentim Magalhães
51	Mensagem da criança ao homem 136
	Meimei
52	Conselho materno 138
	João de Deus
53	Preparação familiar 140
	Irmão X
54	Santa maternidade 145
	Epiphanio Leite
55	Papai rico 146
	Irmão X
56	Meu filho 151
	Epiphanio Leite
57	Crianças doentes 152
	Meimei
58	O irmãozinho 154
	João de Deus
59	Pais e filhos 156
	João
60	O culto cristão no lar 160
	Neio Lúcio
61	Confissão materna 163
	Dulce
62	Paz em casa 167
	Emmanuel
63	Credores no lar 169
	Emmanuel
64	Compaixão em família 172
	Emmanuel
65	Mãe, Deus te abençoe! 174
	Maria Dolores

Antecâmara

"O culto do Evangelho em casa conta hoje com numerosos núcleos. Por que não escrevem os amigos desencarnados um volume particularmente dedicado a semelhante serviço?"

*

"Queríamos um livro que nos desse algumas noções de lar e família, à luz da reencarnação."

*

"Realmente não temos, por agora, tempo bastante para despender com a leitura de um tratado religioso, em nossas reuniões familiares, mas estimaríamos possuir um livro simples para estudos rápidos e independentes uns dos outros, no qual pudéssemos meditar as lições de Jesus, conversando..."

*

"Não ignoramos as obras notáveis em torno do Evangelho; entretanto, para os entendimentos em casa, no culto da oração, cremos nos seria de grande valor o manuseio de páginas ligeiras, mas edificantes, que nos ajudassem a pensar sobre as verdades do espírito, sem longo esforço."

*

"Não poderemos ter um facilitador para assimilar as ideias espíritas-cristãs?"

*

"Atualmente, o culto do Evangelho em casa pede um conjunto de lições práticas para reger a conversação destinada a explicar os ensinamentos de Jesus."

*

"Sim, dispomos de excelentes volumes para o exame sistemático do Evangelho, não só na Doutrina Espírita, quanto igualmente em outros círculos religiosos, mas reconhecemos a necessidade de mais livros para o culto do nosso Divino Mestre, na intimidade do lar, livros que nos revelem os preceitos cristãos de maneira tão simples quanto possível."

*

Respondendo às solicitações dessa natureza, com que temos sido honrados por muitos amigos, reunimos os recursos da lavoura espírita-evangélica, de que se constitui este livro, para ofertá-los aos leitores amigos.

E creiam todos eles que assim procedemos não porque sejam colhidos de merecimento nosso, mas

ANTECÂMARA

por serem frutos, flores e sementes da Seara do Senhor, lançados pela bondade do Senhor no solo de nossos corações. E, ao fazê-lo, rogamos a Ele, o Divino Semeador, nos conceda força e diretriz, compreensão e discernimento para cultivá-los, em nosso proveito, de modo a transformarmos a nossa área de ação em gleba de amor e luz para a Vida Eterna.

EMMANUEL
Uberaba (MG), 18 de junho de 1968.

1

Culto cristão no lar

O culto do Evangelho no lar não é uma inovação. É uma necessidade em toda parte onde o Cristianismo lance raízes de aperfeiçoamento e sublimação.

A Boa-Nova seguiu da Manjedoura para as praças públicas e avançou da casa humilde de Simão Pedro para a glorificação no Pentecostes.

A palavra do Senhor soou, primeiramente, sob o teto simples de Nazaré e, certo, se fará ouvir, de novo, por nosso intermédio, antes de tudo, no círculo dos nossos familiares e afeiçoados, com os quais devemos atender às obrigações que nos competem no tempo.

Quando o ensinamento do Mestre vibra entre as quatro paredes de um templo doméstico, os pequeninos sacrifícios tecem a felicidade comum.

A observação impensada é ouvida sem revolta.
A calúnia é isolada no algodão do silêncio.
A enfermidade é recebida com calma.
O erro alheio encontra compaixão.
A maldade não encontra brechas para insinuar-se.

E aí, dentro desse paraíso que alguns já estão edificando, em benefício deles e dos outros, o estímulo é um cântico de solidariedade incessante; a bondade é uma fonte inexaurível de paz e entendimento; a gentileza é inspiração de todas as horas; o sorriso é a sombra de cada um, e a palavra permanece revestida de luz, vinculada ao amor que o Amigo Celeste nos legou.

Somente depois da experiência evangélica do lar, o coração está realmente habilitado para distribuir o pão divino da Boa-Nova junto da multidão, embora devamos o esclarecimento amigo e o conselho santificante aos companheiros da romagem humana, em todas as circunstâncias.

Não olvidemos, assim, os impositivos da aplicação com o Cristo, no santuário familiar, onde nos cabe o exemplo de paciência, compreensão, fraternidade, serviço, fé e bom ânimo, sob o reinado legítimo do amor, porque, estudando a Palavra do Céu em quatro Evangelhos, que constituem o Testamento da Luz, somos, cada um de nós, o quinto Evangelho inacabado, mas vivo e atuante, que estamos escrevendo com os próprios testemunhos, a fim de que a nossa vida seja uma revelação de Jesus, aberta ao olhar e à apreciação de todos, sem necessidade de utilizarmos muitas palavras na advertência ou na pregação.

EMMANUEL

2

JESUS EM CASA

O culto do Mestre em casa,
É novo sol que irradia
A música da alegria
Em santa e bela canção.
É a glória de Deus que vaza
O dom da Graça Divina,
Que regenera e ilumina
O templo do coração.

    Ouvida a bênção da prece,
    Na sala doce e tranquila,
    A lição do bem cintila
    Como um poema a brilhar.
    O verbo humano enaltece
    A caridade e a esperança.
    Tudo é bendita mudança
    No plano familiar.

Anula-se a malquerença,
A frase é contente e boa.
Quem guarda ofensas, perdoa
Quem sofre, agradece à cruz.
A maldade escuta e pensa
E o vício da rebeldia
Perde a máscara sombria...
Toda névoa faz-se luz!

    Na casa fortalecida
    Por semelhante alimento,
    Tudo vibra entendimento
    Sublime e renovador.
    O dever governa a vida,
    Vozes brandas falam calmas...
    É Jesus chamando as almas
    Ao Reino do Eterno Amor!

                              IRENE S. PINTO

3

ANGÚSTIA MATERNA

O coração materno é uma taça de amor em que a vida se manifesta no mundo.

Ser mãe é ser um poema de reconforto e carinho, proteção e beleza.

Entretanto, quão grave é o ofício da verdadeira maternidade!...

Levantam-se monumentos de progresso entre os homens e devemo-los, em grande parte, às mães abnegadas e justas, mas erguem-se penitenciárias sombrias e devemo-las, na mesma proporção, às mães indiferentes e criminosas.

É que, muitas vezes, transformamos o mel da ternura, destinado por Deus à alimentação dos servidores da Terra, em veneno do egoísmo que gera monstros.

Fala-vos pobre mulher desencarnada, suportando, nas esferas inferiores, o peso de imensa angústia.

Resumirei meu caso para não inquietar-vos com a minha dor.

Moça ainda, desposei Claudino, um homem digno e operoso, que ganhava honestamente o pão de cada dia em atividades comerciais.

Um filhinho era o maior ideal de nossos corações entrelaçados no mesmo sonho.

E, por essa razão, durante seis anos consecutivos, orei fervorosamente, suplicando a Deus nos concedesse essa bênção...

Uma criança que nos trouxesse a verdadeira alegria, que nos consolidasse o reino de amor e felicidade...

Depois de seis anos, o filhinho querido vagia em nossos braços.

Chamamos-lhe Pedro, em homenagem ao segundo Imperador do Brasil, cuja personalidade nos merecia entranhado respeito.

Contudo, desde as primeiras horas em que me fizera mãe, inesperado exclusivismo me tomou o espírito fraco.

Acalentei meu filho como se a alma de uma leoa me despertasse no seio.

Não obstante os protestos de meu marido, criei Pedro tão somente para a minha admiração, para o meu encantamento e para o círculo estreito de nossa casa.

Muitas vezes perdia-me em cismas fantasiosas, arquitetando para ele um futuro diferente, no qual, mais rico e mais poderoso que os outros homens, vivesse consagrado à dominação.

Por esse motivo, mal ensaiando os primeiros passos, Pedro, estimulado por minha leviandade e invigilância, procurava ser forte em mau sentido.

Garantido por mim, apedrejava a casa dos vizinhos, humilhava os companheiros e entregava-se, no templo doméstico, aos caprichos que bem entendesse.

Debalde Claudino me advertia, atencioso.

Meus princípios, porém, eram diversos dos dele e eu queria meu filho para vaidosamente reinar.

Na escola primária, Pedro se fez pequenino demônio.

Desrespeitava, perturbava, destruía...

Ainda assim, vivia eu mesma questionando com os professores para que lhe fossem assegurados privilégios especiais.

A criança era transferida de estabelecimento a estabelecimento, porque instrutores e serventes me temiam a agressividade sempre disposta a ferir.

Em razão disso, na primeira mocidade, vi meu filho incapacitado para mais amplos estudos.

A índole de Pedro não se compadecia com qualquer disciplina, porque eu, sua mãe, lhe favorecera o despotismo, a vaidade e o orgulho gritantes.

Quando nosso rapaz completou dezesseis anos, o pai amoroso e correto providenciou-lhe tarefa digna, mas, findo o terceiro dia de trabalho, Pedro chegou em casa choramingando, a queixar-se do chefe, e eu, em minha imprudência, lhe aceitei as lamentações e exigi que Claudino lhe dobrasse a mesada, retirando-o do emprego em que, a meu ver, apenas encontraria pesares e humilhações.

O esposo me fez ver a impropriedade de semelhante procedimento; no entanto, amava-me demais para contrariar-me os caprichos e, a breve tempo, nosso filho entregou-se a deploráveis dissipações.

Aquele para quem idealizara um futuro de rei chegava ao lar em horas avançadas da noite, cambaleando de embriaguez.

O olhar piedoso de Claudino para as minhas lágrimas dava-me a entender que as minhas preocupações surgiam demasiado tarde.

Todos os meus cuidados foram então inúteis.

Gastador e viciado, Pedro confiou-se à bebida, à jogatina, comprometendo-se num estelionato de grandes proporções em que o nome paterno se envolveu numa dívida muito superior às possibilidades de nossa casa.

Claudino, desditoso e envergonhado, adoeceu, sem que os médicos lhe identificassem a enfermidade, falecendo após longos meses de martírio silencioso.

Morto aquele que me fora companheiro devotadíssimo, vendi nossa residência para solver grandes débitos.

Recolhi-me com Pedro num domicílio modesto; entretanto, embora me empregasse, aos cinquenta anos, para atender-lhe as necessidades, comecei a sofrer, das mãos de meu filho ébrio, dilacerações e espancamentos.

Certa noite, não pude conter-lhe os criminosos impulsos e caí golfando sangue...

Internada num hospital de emergência, senti medo de partilhar o mesmo teto com o homem que meu ventre gerara com desvelado carinho e que se me transformara em desapiedado verdugo.

Fugi-lhe, assim, ao convívio.

Procurei velha companheira da mocidade, passando a morar com ela num bairro pobre.

E, juntas, organizamos pequeno bazar de quinquilharias.

Pensava em meu filho, agora, entre a saudade e a oração, entregando-o à proteção da Virgem Santíssima.

Finda a tarefa diária, recolhia-me a sós em singelo aposento, trazendo em minhas mãos o retrato de Pedro e rogando ao Anjo dos Desvalidos amparasse aquele cuja posição moral eu apenas soubera agravar com desleixo delituoso.

Amealhei algum dinheiro...

Dez anos correram apressados sobre a minha nova situação.

E porque as nossas migalhas viviam entesouradas em meu quarto de velha indefesa, cada noite me armava de um revólver sob o travesseiro, ao mesmo tempo que desbotada fotografia era acariciada por minhas mãos.

Numa noite chuvosa e escura, observei que um homem me rondava o leito humilde.

Alteava-se a madrugada.

O desconhecido vasculhava gavetas procurando algo que lhe pudesse, naturalmente, atender à viciação.

Não hesitei um momento.

Saquei da arma e buscava a mira correta para que o tiro fosse desfechado com segurança, quando a luz de um relâmpago penetrou a vidraça...

Apavorada, reconheci, no semblante do homem que me invadia a casa, meu filho Pedro, convertido em ladrão.

Esmoreceram-se-me os braços.

Quis gritar, mas não pude.

A comoção insofreável como que me estrangulava a garganta.

Contudo, através do mesmo clarão, Pedro me vira armada e bradou, sem reconhecer-me de pronto:

— Não me mates, megera! Não me mates!

Avançou sobre mim como fera sobre a presa vencida e, despojando-me do revólver a pender-me das mãos desfalecentes, sufocou-me com os dedos que eu tantas vezes havia acariciado, e que me asfixiavam, agora, como garras assassinas...

Não consegui, realmente, pronunciar uma só palavra.

No entanto, ligada ainda ao meu corpo, meus olhos e meus ouvidos funcionavam eficientes.

Registrei-lhe o salto rápido sobre o acendedor de luz...

Naturalmente, ele agora contava simplesmente com um cadáver.

Contemplei-o com a ternura da mulher que ainda ama, apesar de sentir-se em derrocada suprema, e notei que Pedro se inclinou, instintivamente, para a minha mão esquerda, crispada, a guardar-lhe a fotografia.

Horrorizado, exclamou:

— Mãe, minha mãe! Pois és tu?

Para falar com franqueza, daria tudo para volver ao equilíbrio orgânico, acariciar-lhe de novo os cabelos e dizer-lhe: "Filho querido, não se preocupe! Regenere-se e sejamos felizes voltando a viver juntos! Estou velha e cansada... Fique comigo! Fique comigo!...".

Entretanto, minha língua jazia inanimada e minhas mãos estavam hirtas.

Lágrimas ardentes borbotavam-me dos olhos parados, enquanto a voz querida me gritava estridente:

— Mamãe! Mamãe! Minha mãe!...

Um sono profundo, pouco a pouco, se apoderou de mim e somente mais tarde acordei numa casa de socorro espiritual, onde pude reconstituir minhas forças para empreender a restauração de minha alma diante da Lei.

No entanto, até agora, busco meu filho para rogarmos juntos a bênção da reencarnação para que eu possa extirpar-lhe do sentimento a hera maldita do orgulho e do egoísmo, da viciação e da crueldade.

E, enquanto sofro as consequências de meus erros deliberados, posso clamar para as minhas companheiras do mundo:

— Mães da Terra, educai vossos filhos! Afagai-os no carinho e na retidão, na justiça e no bem.

"Uma criança no berço é um diamante do Céu para ser burilado.

"Lembrai-vos de que o próprio Deus, conduzindo à Terra o seu Filho Divino, nosso Senhor Jesus Cristo, fê-lo nascer numa estrebaria, deu-lhe trabalho numa oficina singela, induziu-o a viver em serviço dos semelhantes e permitiu que Ele, o Justo, fosse imerecidamente imolado aos tormentos da cruz."

SEBASTIANA PIRES

4

MEU LAR

Meu lar é um ninho quente, belo e doce,
Meu generoso e abençoado asilo,
Onde meu coração vive tranquilo
Na sacrossanta paz que Deus me trouxe.

    Meu refúgio sereno de esperança,
    Nele encontro essa luz terna e divina
    Do amor que aperfeiçoa, ampara e ensina
    Minh'alma ingênua e frágil de criança.

O lar é a minha escola mais querida,
Doce escola em que nunca me confundo,
Onde aprendo a ser nobre para o mundo
E a ser alegre e forte para a vida.

JOÃO DE DEUS

5

NO REINO DOMÉSTICO

Você, meu amigo, pergunta que papel desempenhará o Espiritismo na ciência das relações sociais, e, muito simplesmente, responderei que, aliado ao Cristo, o nosso movimento renovador é a chave da paz entre as criaturas.

Já terá refletido, porventura, na importância da compreensão generalizada, com respeito à justiça que nos rege a vida e à fraternidade que nos cabe construir na Terra?

A Sociologia não é a realização de gabinete. É obra viva que interessa o cerne do homem, de modo a plasmar-lhe o clima de progresso substancial.

Reporta-se você ao amargo problema dos casamentos infelizes, como se o matrimônio fosse o único enigma na peregrinação humana, mas se esquece de que a alma encarnada é surpreendida, a cada passo, por escuros labirintos na vida de associação.

Habitualmente, renascem juntos, sob os elos da consanguinidade, aqueles que ainda não acertaram as rodas do entendimento, no carro da evolução, a fim de trabalharem com o abençoado buril da dificuldade sobre as arestas que lhes impedem a harmonia. Jungidos à máquina das convenções respeitáveis, no instituto familiar, caminham, lado a lado, sob os aguilhões da responsabilidade e da tradição, sorvendo o remédio amargoso da convivência compulsória para sanarem velhas feridas não manifestas.

E, nesse vastíssimo roteiro de Espíritos em desajuste, não identificaremos tão somente os cônjuges infortunados. Além deles, há fenômenos sentimentais mais complexos. Existem pais que não toleram os filhos, e mães que se voltam, impassíveis, contra os próprios descendentes. Há filhos que se revelam inimigos dos progenitores, e irmãos que se exterminam dentro do magnetismo degenerado da antipatia congênita, dilacerando-se uns aos outros, com os raios mortíferos e invisíveis do ódio e do ciúme, da inveja e do despeito, apaixonadamente cultivados no solo mental.

Os hospitais e, principalmente, os manicômios apresentam significativo número de enfermos que não passam de mutilados espirituais dessa guerra terrível e incruenta na trincheira mascarada sob o nome de Lar. Batizam-nos os médicos com rotulagens diversas, na esfera da diagnose complicada; entretanto, na profundez das causas, reside a influência maligna da parentela consanguínea que, não raro, copia as atitudes da tribo selvagem e enfurecida. Todos os dias, semelhantes farrapos humanos atravessam os pórticos das casas de saúde ou de caridade, à maneira de restos indefiníveis de náufragos, perdidos em mar tormentoso, procurando a terra firme da costa, pela onda móvel.

Não tenha dúvida.

O homicídio, nas mais variadas formas, é intensamente praticado sem armas visíveis, em todos os quadrantes do Planeta.

Em quase toda a parte, vemos pais e mães que expressam ternura ante os filhos desventurados, e que se revoltam contra eles toda vez que se mostram prósperos e felizes. Há irmãos que não suportam a superioridade daqueles que lhes partilham o nome e a experiência, e companheiros que apenas se alegram com a camaradagem nas horas de necessidade e infortúnio.

Ninguém pode negar a existência do amor no fundo das multiformes uniões a que nos referimos, mas esse amor ainda se encontra, à maneira do ouro inculto, incrustado no cascalho duro e contundente do egoísmo e da ignorância que, às vezes, matam sem a intenção de destruir e ferem sem perceber a inocência ou a grandeza de suas vítimas.

Por isso mesmo, o Espiritismo com Jesus, convidando-nos ao sacrifício e à bondade, ao conhecimento e ao perdão, aclarando a origem de nossos antagonismos e reportando-nos aos dramas por nós todos já vividos no pretérito, acenderá um facho de luz em cada coração, inclinando as almas rebeldes ou enfermiças à justa compreensão do programa sublime de melhoria individual, em favor da tranquilidade coletiva e da ascensão de todos.

Desvelando os horizontes largos da vida, a Nova Revelação dilatará a esperança, o estímulo à virtude e à educação em todas as inteligências amadurecidas na boa vontade, que passarão a entender nas piores situações familiares pequenos cursos regenerativos, dando-se pressa em aceitá-los com serenidade e paciência, uma vez que a dor e a morte são invariavelmente os oficiais da Divina Justiça, funcionando com absoluto equilíbrio, em todas as direções, unindo ou separando almas, com vistas à prosperidade do Infinito Bem.

Assim, pois, meu caro, dispense-me da obrigação de mais comentários, que se fariam tediosos em nossa época de esclarecimento rápido, pela condensação dos assuntos que dizem respeito ao soerguimento da Terra.

Observe e medite.

E, quando perceber a imensa força iluminativa do Espiritismo Cristão, você identificará Jesus como o Sociólogo Divino do Mundo e verá no Evangelho o Código de Ouro e Luz, em cuja aplicação pura e simples reside a verdadeira redenção da Humanidade.

Irmão X

6

COLOMBINA

Mascarada mulher o rabecão trouxera.
Morrera em pleno baile a frágil Colombina
E, no egrégio salão de culto à Medicina,
O professor leciona, em voz veemente e austera:

"— Rapazes, contemplai! É rameira e menina.
Tombou ébria no vício e com certeza era
Devassa meretriz, mistura de anjo e fera,
Flor de lama e prazer, Vênus e Messalina".

Em seguida, a cortar, rompe a seda sem custo,
Desnuda-lhe, solene, a alva pele do busto,
Afasta, indiferente, as flores de rendilha...

No entanto, ao descobrir-lhe a face triste e bela,
O mestre cambaleia e chora junto dela...
Encontrara na morta a sua própria filha.

JÚLIA CORTINES

7

MÃE

Quando Jesus ressurgiu do túmulo, a negação e a dúvida imperavam no círculo dos companheiros.

Voltaria Ele?, perguntavam, perplexos. Quase impossível. Seria Senhor da Vida Eterna quem se entregara na cruz, expirando entre malfeitores?

Maria Madalena, porém, a renovada, vai ao sepulcro de manhãzinha. E, maravilhosamente surpreendida, vê o Mestre, ajoelhando-se-lhe aos pés. Ouve-lhe a voz repassada de ternura, fixa-lhe o olhar sereno e magnânimo. Entretanto, para que a visão se lhe fizesse mais nítida, foi necessário organizar o quadro exterior. O jardim recendia perfumes para a sua sensibilidade feminina, a sepultura estava aberta, compelindo-a a raciocinar. Para que a gravação das imagens se tornasse bem clara, lavando-lhe todas as dúvidas da imaginação, Maria julgou a princípio que via o jardineiro. Antes da certeza, a perquirição da mente precedendo a consolidação da fé. Embriagada de júbilo, a convertida de Magdala transmite a boa-nova aos discípulos confundidos. Os olhos sombrios de quase todos se enchem de novo brilho.

Outras mulheres, como Joana de Cusa e Maria, mãe de Tiago, dirigem-se, ansiosas, para o mesmo local, conduzindo perfumes e preces gratulatórias. Não enxergam o Messias, mas entidades resplandecentes lhes falam do Mestre que partiu.

Pedro e João acorrem, pressurosos, e ainda veem a pedra removida, o sepulcro vazio e apalpam os lençóis abandonados.

No colégio dos seguidores, travam-se polêmicas discretas.

Seria? Não seria?

Contudo, Jesus, o Amigo Fiel, mostra-se aos aprendizes no caminho de Emaús, que lhe reconhecem a presença ao partir do pão e, depois, aparece aos onze cooperadores num salão de Jerusalém. As portas permanecem fechadas e, no entanto, o Senhor demora-se, junto deles, plenamente materializado. Os discípulos estão deslumbrados, mas o olhar do Messias é melancólico. Diz-nos João Marcos que o Mestre lançou-lhes em rosto a incredulidade e a dureza de coração. Exorta-os a que o vejam, que o apalpem. Tomé chega a consultar-lhe as chagas para adquirir a certeza do que observa. O Celeste Mensageiro faz-se ouvir para todos. E, mais tarde, para que se convençam os companheiros de sua presença e da continuidade de seu amor, segue-os, em espírito, no labor da pesca. Simão Pedro registra-lhe carinhosas recomendações, ao lançar as redes, e encontra-o nas preces solitárias da noite.

Em seguida, para que os velhos amigos se certifiquem da ressurreição, materializa-se num monte, aparecendo a quinhentas pessoas da Galileia.

No Pentecostes, a fim de que os homens lhe recebam o Evangelho do Reino, organiza fenômenos luminosos e linguísticos, valendo-se da colaboração dos companheiros, ante judeus e romanos, partos e medas, gregos e elamitas, cretenses e árabes. Maravilha-se o povo. Habitantes da Panfília e da Líbia, do Egito e da Capadócia ouvem a Boa-Nova no idioma que lhes é familiar.

Decorrido algum tempo, Jesus resolve modificar o ambiente farisaico e busca Saulo de Tarso para o seu ministério; entretanto, para isso, é compelido a materializar-se no caminho de Damasco, a plena luz do dia. O perseguidor implacável, para convencer-se, precisa experimentar a cegueira temporária, após a claridade sublime; e para que Ananias, o servo leal, dissipe o temor e vá socorrer o ex-verdugo, é imprescindível que Jesus o visite, em pessoa, lembrando-lhe o obséquio fraternal.

Todos os companheiros, aprendizes, seguidores e beneficiários solicitaram a cooperação dos sentidos físicos para sentir a presença do Divino Ressuscitado. Utilizaram-se dos olhos mortais, manejaram o tato, aguçaram os ouvidos...

Houve, contudo, alguém que dispensou todos os toques e associações mentais, vozes e visões. "Foi Maria, sua Divina Mãe. O Filho Bem-Amado vivia eternamente no infinito mundo de seu coração. Seu olhar contemplava-o, através de todas as estrelas do Céu, e encontrava-lhe o hálito perfumado em todas as flores da Terra. A voz d'Ele vibrava em sua alma e, para compreender-lhe a sobrevivência, bastava penetrar o iluminado santuário de si mesma. Seu Filho — seu amor e sua vida — poderia, acaso, morrer? E, embora a saudade angustiosa, consagrou-se à fé no reencontro espiritual, no Plano Divino, sem lágrimas, sem sombras e sem morte!...

....

Homens e mulheres do mundo, que haveis de afrontar, um dia, a esfinge do sepulcro, é possível que estejais esquecidos plenamente, no dia imediato ao de vossa partida, a caminho do Mais Além. Familiares e amigos, chamados ao imediatismo da luta humana, passarão a desconhecer-vos, talvez, por completo. Mas, se tiverdes um coração de mãe pulsando na Terra, regozijar-vos-eis, além da escura fronteira de cinzas, porque aí vivereis amados e felizes para sempre!

Irmão X

8

SEMPRE AMOR

Torno, ansioso, da morte à casa que deixara...
Os meus, o lar, o amor... eis tudo o que ambiciono.
Entro. Lá fora, o parque, a tristeza, o abandono...
Mormaço, plenilúnio, vento, a noite clara...

Debalde grito, corro, observo, inspeciono...
Subo. Um morcego ronda pequena almenara...
Nada. Ninguém me espera. A vida desertara.
Tudo silêncio e pó de tapera sem dono...

Sofro desilusão que o mundo não descreve,
Mas alguém abre a porta e me chama, de leve...
Fito pobre mulher... Na face, o olhar sem brilho...

Conheço-a!... Minha mãe!... Quanta saudade, quanta!...
Vem lembrar-me a rezar... Beijo-lhe as mãos de
[santa!...
Ela chora e repete: "Ah! meu filho! meu filho!...".

JORGE MATOS

9

Luz no lar

Se a tempestade nos devasta as plantações, não nos esqueçamos do Espaço Divino no Lar, onde o canteiro de nossa boa vontade, na vinha do Senhor, deve e pode florir para a frutificação, em benefício de todos.

Organizemos o nosso agrupamento doméstico do Evangelho.

O Lar é o coração do organismo social.

Em casa, começa nossa missão no mundo.

Entre as paredes do templo familiar, preparamo--nos para a vida com todos.

Seremos, *lá fora*, no grande campo da experiência pública, o prosseguimento daquilo que já somos na intimidade de nós mesmos.

Fujamos à frustração espiritual e busquemos no relicário doméstico o sublime cultivo dos nossos ideais com Jesus.

O Evangelho foi iniciado na Manjedoura e demorou-se na casa humilde e operosa de Nazaré, antes de espraiar-se pelo mundo.

Não há serviço da fé viva sem aquiescência e concurso do coração.

Se possível, continuemos trabalhando sob a tormenta, removendo os espinheiros da discórdia ou transformando as pedras do mal em flores de compreensão, suportando, com heroísmo, o clima do sacrifício, mas, se a ventania nos compele a pausas de repouso, não admitamos o bolor do desânimo nos serviços iniciados.

Sustentemos em casa a chama de nossa esperança, estudando a Revelação Divina, praticando a fraternidade e crescendo em amor e sabedoria, porque, segundo a promessa do Evangelho Redentor, "onde estiverem dois ou três corações reunidos em Seu Nome", aí estará Jesus, amparando-nos para a ascensão à Luz Celestial, hoje, amanhã e sempre.

SCHEILLA

10

Conversa em casa

O suor da paciência
Encontra a luz por remate.
Não há provação difícil,
O medo é que nos abate.

*

Conserva-te nobre e simples
Para que o bem não se torça.
Muita vez, a ingenuidade
É grande sinal de força.

*

Venceste? Trabalha sempre,
Sem detenção no passado.
O herói que vive da fama
É um vivo-morto enfeitado.

*

No que tange a confidências,
Fala a Deus em tua prece.
Quem melhor guarda um segredo
É aquele que o desconhece.

*

Cultiva a reta intenção
Em tua própria defesa...
Mesmo vítima do engano,
Sinceridade é grandeza.

*

Onde tens o coração
Reténs o próprio tesouro...
O dinheiro que escraviza
É dura algema de ouro.

*

Compra, guarda e ajunta livros,
Mas estuda, dia a dia.
Mostrar a biblioteca,
Não mostra sabedoria.

*

Perdoa e ajuda amparando
Como as terras generosas,
Que dão, em troco de estrume,
Pão e bênção, vida e rosas.

Casimiro Cunha

11

NA INTIMIDADE DOMÉSTICA

A história do bom samaritano, repetidamente estudada, oferece conclusões sempre novas.

O viajante compassivo encontra o ferido anônimo na estrada.

Não hesita em auxiliá-lo.

Estende-lhe as mãos.

Pensa-lhe as feridas.

Recolhe-o nos braços sem qualquer ideia de preconceito.

Condu-lo ao albergue mais próximo.

Garante-lhe a pousada.

Olvida conveniências e permanece junto dele, enquanto necessário.

Abstém-se de indagações.

Parte ao encontro do dever, assegurando-lhe a assistência com os recursos da própria bolsa, sem prescrever-lhe obrigações.

*

Jesus transmitiu-nos a parábola, ensinando-nos o exercício da caridade real, mas, até agora, transcorridos quase dois milênios, aplicamo-la, via de regra, às pessoas que não nos comungam o quadro particular.

Quase sempre, todavia, temos os caídos do reduto doméstico.

Não descem de Jerusalém para Jericó, mas tombam da fé para a desilusão e da alegria para a dor, espoliados nas melhores esperanças, em rudes experiências.

Quantas vezes surpreendemos as vítimas da obsessão e do erro, da tristeza e da provação, dentro de casa!

Julgamos, assim, que a parábola do bom samaritano produzirá também efeitos admiráveis toda vez que nos decidirmos a usá-la na vida íntima, compreendendo e auxiliando os vizinhos e companheiros, parentes e amigos, sem nada exigir e sem nada perguntar.

EMMANUEL

12

LAMENTO PATERNO

Ah! meu filho, na concha de teu peito,
Via-te o coração por céu vindouro,
Encerravas contigo, meu tesouro,
O futuro risonho, alto e perfeito.

Entretanto, prendi-te a cruzes de ouro,
Cujo peso carregas sem proveito,
Abatido, cansado, insatisfeito,
Arrojado a medonho sorvedouro...

Recolheste, no encanto de meu jugo,
O fascínio da posse por verdugo
E a preguiça forjando horrendas pragas.

Hoje, chamo-te em vão... Ouves apenas
O dinheiro vazio que armazenas
Na demência da usura em que te apagas!...

JOSÉ GUEDES

13

MÃE

Um dia, a Mulher solitária e atormentada chegou ao Céu e, rojando-se, em lágrimas, diante do Eterno Pai, suplicou:

— Senhor, estou só! Compadece-te de mim.

"Meu companheiro fatigado, cada dia, pede-me repouso e devo velar-lhe o sono! Quando triunfa no trabalho, absorve-se na atividade mais intensa e, muita vez distraído, afasta-se do lar, aonde volta somente quando exausto, a fim de refazer-se. Se sofre, vem a mim, abatido, buscando restauração e conforto...

"Tu que deste flores ao arvoredo e que abriste as carícias da fonte, no seio escuro e ressequido do solo, consagras-me, assim, ao insulamento? Reservaste a terra inteira ao serviço do homem que se agita, livre e dominador, sobre montes e vales, e concedes a mim apenas o estreito recinto da casa, entre quatro paredes, para meditar e afligir-me sem consolo? Se sou a companheira do homem que se vale de mim para lutar e viver, quem me acompanhará na missão a que me destinas?"

O Senhor sorriu, complacente, em seu trono de estrelas fulgurantes, e, afagando-lhe a cabeça curvada e trêmula, falou compadecido:

— Dei o mundo ao homem, mas confiarei a vida ao teu coração.

Em seguida colocou-lhe nos braços uma frágil criança.

Desde então, a Mulher fez-se Mãe e passou a viver plenamente feliz.

Meimei

14

TERNURA MATERNAL

I

As paredes da casa em vão procuro,
Quero dizer adeus e não consigo...
Vejo apenas o vulto amargo e amigo
Da morte que me estende o manto escuro.

Choro a estirar-me, trêmulo e inseguro,
O leito ensaia a pedra do jazigo...
Padeço, clamo e indago a sós comigo,
Qual pássaro que tomba contra um muro.

A névoa espessa enreda o corpo langue,
É o terrível crepúsculo do sangue
Que me tinge de sombra os olhos baços;

Mas surge alguém, no caos que me entontece,
É minha mãe, que alonga as mãos em prece,
Doce estrela brilhando entre meus braços!...

II

Ave que torna, em chaga, ao brando ninho.
Ouço divina música na sala,
É a sua voz celeste que me embala,
Motes do lar que tornam de mansinho.

Ergo-me agora... O corpo é o pelourinho
De que me desvencilho por beijá-la...
— Mãe! Minha mãe!... — suspiro, erguendo a fala,
A soluçar de júbilo e carinho.

— Dorme, filho querido! Dorme e sonha!...
Nossa velha canção terna e risonha
Regressa com beleza indefinida...

Tomo-lhe os braços em que me acrisolo
E durmo novamente no seu colo
Para acordar no berço de outra vida.

Carlos D. Fernandes

15

Verdugo e vítima

O rio transbordava.

Aqui e ali, na crista espumosa da corrente pesada, boiavam animais mortos ou deslizavam toras e ramarias.

Vazantes em torno davam expansão ao crescente lençol de massa barrenta.

Famílias inteiras abandonavam casebres, sob a chuva, carregando aves espantadiças, quando não estivessem puxando algum cavalo magro.

Quirino, o jovem barqueiro, que vinte e seis anos de sol no sertão haviam enrijado de todo, ruminava plano sinistro.

Não longe, em casinhola fortificada, vivia Licurgo, conhecido usurário das redondezas.

Todos o sabiam proprietário de pequena fortuna a que montava guarda, vigilante.

Ninguém, no entanto, poderia avaliar-lhe a extensão, porque, sozinho, envelhecera e, sozinho, atendia às próprias necessidades.

"O velho", dizia Quirino de si para consigo, "será atingido na certa. É a primeira vez que surge uma cheia como esta. Agarrado aos próprios haveres, será levado de roldão... E se as águas devem acabar com tudo, por que não me beneficiar? O homem já passou dos setenta... Morrerá a qualquer hora. Se não for hoje, será amanhã, depois de amanhã... E o dinheiro guardado? Não poderia servir para mim, que estou moço e com pleno direito ao futuro?..."

O aguaceiro caía sempre, na tarde fria.

O rapaz, hesitante, bateu à porta da choupana molhada.

— "Seu" Licurgo! "Seu" Licurgo!...

E, ante o rosto assombrado do velhinho que assomara à janela, informou:

— Se o senhor não quer morrer, não demore. Mais um pouco de tempo e as águas chegarão... Todos os vizinhos já se foram...

— Não, não... — resmungou o proprietário —, moro aqui há muitos anos. Tenho confiança em Deus e no rio... Não sairei.

— Venho fazer-lhe um favor...

— Agradeço, mas não sairei.

Tomado de criminoso impulso, o barqueiro empurrou a porta mal fechada e avançou sobre o velho, que procurou em vão reagir.

— Não me mate, assassino!

A voz rouquenha, contudo, silenciou nos dedos robustos do jovem.

Quirino largou para um lado o corpo amolecido, como traste inútil, arrebatou pequeno molhe de chaves do grande cinto e, em seguida, varejou todos os escaninhos...

Gavetas abertas mostravam cédulas mofadas, moedas antigas e diamantes, sobretudo diamantes.

Enceguecido de ambição, o moço recolhe quanto acha.

A noite chuvosa descera completa...

Quirino toma os despojos da vítima num cobertor e, em minutos breves, o cadáver mergulha no rio.

Logo após, volta à casa despovoada, recompõe o ambiente e afasta-se, enfim, carregando a fortuna.

Passado algum tempo, o homicida não vê que uma sombra se lhe esgueira à retaguarda.

É o Espírito de Licurgo, que acompanha o tesouro.

Pressionado pelo remorso, o barqueiro abandona a região e instala-se em grande cidade, com pequena casa comercial, e casa-se, procurando esquecer o próprio arrependimento, mas recebe o velho Licurgo, reencarnado, por seu primeiro filho...

Irmão X

16

ORAÇÃO DA CRIANÇA

Amigo.
Ajuda-me agora para que eu te auxilie depois.
Não me relegues ao esquecimento, nem me condenes à ignorância e à crueldade.
Venho ao encontro de tua aspiração, de teu convívio, de tua obra.
Em tua companhia estou na condição da argila nas mãos do oleiro.
Hoje, sou sementeira, fragilidade, promessa...
Amanhã, porém, serei tua própria realização.
Corrige-me, com amor, quando a sombra do erro envolver-me o caminho, para que a confiança não me abandone.
Protege-me contra o mal.
Ensina-me a descobrir o bem.
Não me afastes de Deus e ajuda-me a conservar o amor e o respeito que devo às pessoas, aos animais e às coisas que nos cercam.
Não me negues tua boa vontade, teu carinho e tua paciência.

Tenho tanta necessidade do teu coração, quanto a plantinha tenra precisa da água para prosperar e viver.

Dá-me tua bondade e dar-te-ei cooperação.

De ti depende que eu seja pior ou melhor amanhã.

EMMANUEL

17

A LENDA DA CRIANÇA

Dizem que o Supremo Senhor, após situar na Terra os primeiros homens, dividindo-os em raças diversas, esperou, anos e anos, pela adesão deles ao Bem Eterno. Criando a todos para a liberdade, aguardou pacientemente que cada um construísse o seu próprio mundo de sabedoria e felicidade. À vista disso, com surpresa começou a ouvir do Planeta Terrestre, em vez de gratidão e louvor, unicamente desespero e lágrimas, blasfêmias e imprecações, até que, um dia, os mais instruídos, amparados no prestígio de Embaixadores Angélicos, se elevaram até Deus, a fim de suplicarem providências especiais. E, prosternados diante do Todo-Poderoso, rogaram, cada qual por sua vez:

— Pai, tem misericórdia de nós!... Repartimos a Terra, mas não nos entendemos... Todos reprovamos o egoísmo; no entanto, a ambição nos enlouquece e, um por um, aspiramos a possuir o maior quinhão!...

— Oh! Senhor!... Auxilia-nos!... Deste-nos a autonomia; contudo, de que modo manejá-la com segurança? Instituíste-nos códigos de amparo mútuo; no entanto, ai de nós!... Caímos, a cada passo, pelos abusos de nossas prerrogativas!...

— Santo dos Santos, socorre-nos por piedade!... Concedeste-nos a paz e hostilizamo-nos uns aos outros. Reuniste-nos debaixo do mesmo Sol!... Nós, porém, desastradamente, em nossos desvarios, na conquista de domínio, inventamos a guerra... Ferimo-nos e ensanguentamo-nos, à maneira de feras no campo, como se não tivéssemos, dada por ti, a luz da razão!...

— Pai Amantíssimo, enriqueceste-nos com os preceitos da Justiça; todavia, na disputa de posições indébitas, estudamos os melhores meios de nos enganarmos reciprocamente, e, muitas vezes, convertermos as nossas relações em armadilhas nas quais os mais astuciosos transfiguram os mais simples em vítimas de alucinadoras paixões... Ajuda-nos a libertar-nos do mal!...

— Ó Deus de Infinita Bondade, intervém a nosso favor! Inflamaste-nos os corações com a chama do gênio, mas habitualmente resvalamos para os despenhadeiros do vício... Em muitas ocasiões, valemo-nos do raciocínio e da emoção para sugerir a delinquência ou envenenar-nos no desperdício de forças, escorregando para as trevas da enfermidade e da morte!...

Conta-se que o Todo-Misericordioso contemplou os habitantes da Terra, com imensa tristeza, e exclamou, amorosamente:

— Ah! meus filhos!... meus filhos!... Apesar de tudo, eu vos criei livres e livres sereis para sempre, porque em nenhum lugar do Universo aprovarei princípios de escravidão!...

— Oh! Senhor — soluçaram os homens —, compadece-te então de nós e renova-nos o futuro!... Queremos acertar, queremos ser bons!...

O Todo-Sábio meditou, meditou...

Depois de alguns minutos, falou comovido:

— Não posso modificar as Leis Eternas. Dei-vos o Orbe Terrestre e sois independentes para estabelecer nele a base de vossa ascensão aos Planos Superiores. Tereis, constantemente e seja onde for, o que quiserdes, em função de vosso próprio livre-arbítrio!... Conceder-vos-ei, porém, um tesouro de vida e renovação, no qual, se quiserdes, conseguireis engrandecer o progresso e abrilhantar o Planeta... Nesse escrínio de inteligência e de amor, disporeis de todos os recursos para solidificar a fraternidade, dignificar a Ciência, edificar o bem comum e elevar o direito... De um modo ou de outro, todos tereis, doravante, esse tesouro vivo, ao vosso lado, em qualquer parte da Terra, a fim de que possais aperfeiçoar o mundo e santificar o porvir!...

Dito isso, o Senhor Supremo entrou nos Tabernáculos Eternos e voltou de lá trazendo um ser pequenino nos braços paternais...

Nesse augusto momento, os atormentados filhos da Terra receberam de Deus a primeira criança.

IRMÃO X

18

O BERÇO

Ajudemos a criança! O berço é o ponto vivo em que a educação começa a brilhar.

Bezerra de Menezes

*

O menino que agora enjeitamos à porta da tempestade será mais tarde um cultivador da tempestade no mundo.

Cairbar Schutel

*

Todo berço que sofre é uma porta sombria.
Traze ao anjo que chora a bênção de alegria
Da bondade cristã.
E estarás cooperando, nobremente,
Na formação do mundo diferente
Para a Luz de Amanhã.

Cármen Cinira

*

LUZ NO LAR / CAPÍTULO 18: O BERÇO

O berço infeliz é um poema do Céu, dilacerado na Terra.

RODRIGUES DE ABREU

*

A criança é uma lúcida promessa,
Convidando-te ao templo do amor puro.
Em todo berço a vida recomeça,
Procurando a vitória do futuro.

CRUZ E SOUZA

19

Aborto delituoso

Comovemo-nos, habitualmente, diante das grandes tragédias que agitam a opinião.

Homicídios que convulsionam a imprensa e mobilizam largas equipes policiais...

Furtos espetaculares que inspiram vastas medidas de vigilância...

Assassínios, conflitos, ludíbrios e assaltos de todos jaezes criam a guerra de nervos, em toda a parte; e, para coibir semelhantes fecundações de ignorância e delinquência, erguem-se cárceres e fundem-se algemas, organiza-se o trabalho forçado e em algumas nações a própria lapidação de infelizes é praticada na rua, sem qualquer laivo de compaixão.

Todavia, um crime existe mais doloroso, pela volúpia de crueldade com que é praticado, no silêncio do santuário doméstico ou no regaço da Natureza...

Crime estarrecedor, porque a vítima não tem voz para suplicar piedade nem braços robustos com que se confie aos movimentos da reação.

Referimo-nos ao aborto delituoso, em que pais inconscientes determinam a morte dos próprios filhos, asfixiando-lhes a existência antes que possam sorrir para a bênção da luz.

....

Homens da Terra, e sobretudo vós, corações maternos chamados à exaltação do amor e da vida, abstende-vos de semelhante ação que vos desequilibra a alma e entenebrece o caminho!

Fugi do satânico propósito de sufocar os rebentos do próprio seio, porque os anjos tenros que rechaçais são mensageiros da Providência, assomastes no lar em vosso próprio socorro, e, se não há legislação humana que vos assinale a torpitude do infanticídio, nos recintos familiares ou na sombra da noite, os olhos divinos de Nosso Pai vos contemplam do Céu, chamando-vos, em silêncio, às provas do reajuste, a fim de que se vos expurgue da consciência a falta indesculpável que perpetrastes.

EMMANUEL

20

FILHO QUE NÃO NASCEU

Fui trazido ao teu colo e sussurro, baixinho:
— Mãe, eu serei na carne o sonho de teu sonho!...
Depois, em prece ardente, em ti meus olhos ponho,
Pássaro fatigado ante a úsnea do ninho.

Abraço-te. És comigo a esperança e o caminho...
Em seguida — oh! irrisão —, eis que, num caos
 [medonho,
Expulsas-me a veneno, e, bruto, me empeçonho,
Serpe oculta a ferir-te em silêncio escarninho.

Já me dispunha a dar o golpe extremo, quando
Surge alguém que me obriga a deixar-te dançando
Em formoso salão onde o prazer fulgura.

Passa o tempo. Hoje volto... É o amor que em mim
 [arde.
Mas encontro-te, oh! mãe, a gemer, triste e tarde,
Sombra que foi mulher, enjaulada à loucura...

JOSÉ GUEDES

21

ANTE O DIVÓRCIO

Toda perturbação no lar, frustrando-lhe a viagem no tempo, tem causa específica. Qual acontece ao comboio, quando estaca indebitamente ou descarrila, é imperioso angariar a proteção devida para que o carro doméstico prossiga adiante.

No transporte caseiro, aparentemente ancorado na estação do cotidiano (e dizemos *aparentemente*, porque a máquina familiar está em movimento e transformação incessantes), quase todos os acidentes se verificam pela evidência de falhas diminutas que, em se repetindo indefinidamente, estabelecem, por fim, o desastre espetacular.

Essas falhas, no entanto, nascem do comportamento dos mais interessados na sustentação do veículo ou, mais propriamente, do marido e da mulher, chamados pela ação da vida a regenerar o passado ou a construir o futuro pelas possibilidades da reencarnação no presente, faltas essas que se manifestam de pequeno desequilíbrio a pequeno desequilíbrio, até que se desencadeie o desequilíbrio maior.

Nesse sentido, vemos cônjuges que transfiguram conforto em pletora de luxo e dinheiro, desfazendo o matrimônio em facilidades loucas, como se afoga uma planta por excesso de adubo, e observamos aqueles outros que o sufocam por abuso de sovinice; notamos os que arrasam a união conjugal em festas sociais permanentes e assinalamos os que a destroem por demasia de solidão; encontramos os campeões da teimosia que acabam com a paz em família, manejando atitudes do contra sistemático, diante de tudo e de todos, e identificamos os que a exterminam pelo silêncio culposo à frente do mal; surpreendemos os fanáticos da limpeza, principalmente muitas de nossas irmãs, as mulheres, quando se fazem mártires de vassoura e enceradeira, dispostas a arruinar o acordo geral em razão de leve cisco nos móveis, e somos defrontados pelos que primam no vício de enlamear a casa, desprezando a higiene.

Equilíbrio e respeito mútuo são as bases do trabalho de quantos se propõem garantir a felicidade conjugal, uma vez que, repitamos, o lar é semelhante ao comboio em que filhos, parentes, tutores e afeiçoados são passageiros.

Alguém perguntará como situaremos o divórcio nestas comparações. Divorciar, a nosso ver, é deixar a locomotiva e seus anexos. Quem responde pela iniciativa da separação decerto que larga todo esse instrumental de serviço à própria sorte e cada consciência é responsável por si. Não ignoramos que o trem caseiro corre nos trilhos da existência terrestre, com autorização e administração das leis orgânicas da Providência Divina e, sendo assim, o divórcio, expressando desistência ou abandono de compromisso, é decisão lastimável, conquanto às vezes necessária, com raízes na responsabilidade do esposo ou da esposa que, a rigor, no caso, exercem as funções de chefe e maquinista.

EMMANUEL

22

Oração à mulher

Missionária da Vida:
Ampara o homem para que o homem te ampare.
Não te conspurques no prazer, nem te mergulhes no vício.
A felicidade na Terra depende de ti, como o fruto depende da árvore.
Mãe, sê o anjo do lar.
Esposa, auxilia sempre.
Companheira, acende o lume da esperança.
Irmã, sacrifica-te e ajuda.
Mestra, orienta o caminho.
Enfermeira, compadece-te.
Fonte sublime, se as feras do mal te poluíram as águas, imita a corrente cristalina que, no serviço infatigável a todos, expulsa do próprio seio a lama que lhe atiram.
Por mais te aflija a dificuldade, não te confies à tristeza ou ao desânimo.

Lembra os órfãos, os doentes, os velhos e os desvalidos da estrada que esperam por teus braços e sorri com serenidade para a luta.

Deixa que o trabalho tanja as cordas celestes do teu sentimento, para que não falte a música da harmonia aos pedregosos trilhos da existência terrestre.

Teu coração é uma estrela encarcerada.

Não lhe apagues a luz, para que o amor resplandeça sobre as trevas.

Eleva-te, elevando-nos.

Não te esqueças de que trazes nas mãos a chave da vida, e a chave da vida é a glória de Deus.

MEIMEI

23

NO TEMPLO DO LAR

Indiscutivelmente, o avanço científico do mundo estabelece múltiplos sistemas de cura na atualidade terrestre.

Vitaminas e hormônios, eletricidade e magnetismo, fluidos e melodias são recursos empregados no fortalecimento da saúde humana.

Acreditamos, no entanto, que o culto doméstico do Evangelho é a fonte real da medicina preventiva, sustentando as bases do equilíbrio fisiopsíquico.

O centro da vida reside na mente, e a mente se nutre de emoções e de ideias. E quem se coloca sob a orientação do Cristo, aceitando-lhe o governo espiritual no campo íntimo, harmoniza-se com a Boa Lei, purificando propósitos, elevando atitudes e sublimando resoluções que edificam a consciência e o coração para a Vida Superior.

Os princípios evangélicos são elementos de vida e, convenientemente aplicados no recesso do lar, sanam as chagas da maledicência, previnem a cólera destrutiva, curam os efeitos desastrosos da imprudência, afastam os perigos da antipatia gratuita, balsamizam as úlceras da desilusão e favorecem o clima da fraternidade e da confiança, suscetível de criar a felicidade verdadeira para quantos se empenham na evolução, no reajuste, na melhoria e na elevação.

Pensar bem é edificar o que é bom. E somente Jesus é o Mestre do pensamento reto e purificado, a expressar-se em favor do erguimento comum, no repouso e no trabalho, no silêncio e no ruído, na dor e na alegria, que constituem importantes posições de nossa viagem para os cimos da vida.

Cultivar o Evangelho no santuário familiar é nortear a nossa experiência para o Reinado de Deus, em nós e fora de nós.

Criar semelhante serviço, pois, no domicílio de nossas almas, é simples dever, porquanto, pela palavra que ensina e ajuda, aprenderemos a abrir as portas do coração para que, na intimidade de nós mesmos, possamos sentir a Divina Presença de Jesus, nosso Mestre e Senhor.

PIO VENTANIA

24

RENÚNCIA

Se teus pais não procuram a intimidade do Cristo, renuncia à felicidade de vê-los comungar contigo o divino banquete da Boa-Nova, e ajuda teus pais.

Se teus filhos permanecem distantes do Evangelho, renuncia ao contentamento de sentir-lhes o coração com o teu coração na senda redentora, e ajuda teus filhos.

Se teus amigos não conseguem, ainda, perceber o amor de Jesus, renuncia à ventura de guardá-los no calor de tua alma, ante o Sol da Verdade, e ajuda teus amigos.

Renúncia com Jesus não quer dizer deserção. Expressa devotamento maior.

Nele mesmo, o Senhor, vamos encontrar o sublime exemplo.

Esquecido de muitos e por muitos relegado às agonias da negação, nem por isso se afastou dos companheiros que lhe deram as angústias do amor não amado.

Ressurgindo da cruz, ele, que atravessara sozinho os pesadelos da ingratidão e as torturas da morte, volta ao convívio deles e lhes diz confiante:

— Eis que estarei convosco, até ao fim dos séculos.

EMMANUEL

25

Carta paterna

Meu filho, não tinhas razão em favor da cólera.
Vi, perfeitamente, quando o velhinho se aproximou para servir-te.

Trazia um coração amoroso e atento que não soubeste compreender.

Deste uma ordem que o pobrezinho não ouviu tão bem quanto desejavas. Repetiste-a e, porque novamente te perguntasse qualquer coisa, proferiste palavras feias, que lhe feriram as fibras mais íntimas.

Como foste injusto!...

Quando nasceste, o antigo servidor já vencera muitos invernos e servira a muita gente.

Enfraqueceram-se-lhe os ouvidos, ante as imperiosas determinações alheias.

Nunca refletiste na neblina que lhe enevoa o olhar? Adquiriu-a trabalhando à noite, enquanto dormias, despreocupado.

Sabes por que traz ele as pernas trêmulas? Devorou muitas léguas a pé, solucionando problemas dos outros.

Irritas-te quando se demora a movimentar-se a teu mando. Contudo, exiges o automóvel para a viagem de dois quilômetros.

Em muitas ocasiões, queixas-te contra ele. É relaxado aos teus olhos, tem as mãos descuidadas e a roupa não muito limpa. Entretanto, nunca imaginaste que o apagado servidor jamais encontrou oportunidades iguais às que recebeste. Além disto, não lhe ofereces o ensinamento amigo nem tempo para cogitar das próprias necessidades espirituais.

Reclamas longos dias para examinar pequenina questão referente ao teu bem-estar; todavia, não lhe consagras nem mesmo uma hora por semana, ajudando-o a refletir...

Respondes, enfadado, quando o velho companheiro te pede alguns níqueis, mas não vacilas em despender pequenas fortunas com amigos ociosos, em noitadas alegres, nas quais te mergulhas em fantasioso contentamento.

Interrogas, ingrato: "Que fizeste do dinheiro que te dei?".

Esqueces que o servidor de fronte enrugada não dispôs de tempo e recurso para calcular, com exatidão, os processos de ganhar além do necessário e não conseguiu ensejo de ilustrar o raciocínio com o refinamento que caracteriza o teu.

Ah! meu filho, quando a impaciência te visita o espírito, recorda que o monstro da ira indesejável te bate à porta do coração. E quando a ele te entregas, imprevidente, tuas conquistas mais elevadas tremem nos alicerces. Chego a desconhecer-te, porque a fúria dos elementos interiores te alteram a individualidade aos meus olhos e eu não sei se passas à condição de criança ou de demônio!...

Se não podes conter, ainda, os movimentos impulsivos de sentimentos perturbadores, chegado o instante do testemunho, cala-te e espera.

A cólera nada edifica e nada restaura... Apenas semeia desconfiança e temor ao redor de teus passos.

Não ameaces com a voz, nem te insurjas contra ninguém.

É provável que guardes alguma reclamação contra mim, teu pai, porque eu também sou ainda humano. No entanto, filho, acima de nós ambos permanece o Pai Supremo, e que seria de ti e de mim se Deus, um dia, se encolerizasse contra nós?

Neio Lúcio

26

LEI DE AMOR

— Rua!... Rua, infeliz que me ensombraste o nome!...
Clama o pai, a rugir para a filha que implora:
— Não me expulses, meu pai!... Temo a noite lá
[fora!...
E ele mostra o punhal na fúria que o consome.

Voa o tempo a rolar, sem que a vida o retome...
Ele, desencarnado, ansioso e triste agora,
Traz à filha exilada o coração que chora,
Espírito a sofrer, em sede, chaga e fome.

Ela sente-lhe a dor, através da lembrança,
E dá-lhe um corpo novo, ante a luz que o descansa
Nos fios da oração, em celeste rastilho!...

E, mais tarde, no lar que os apascenta e acalma,
Ele diz: "Minha mãe, doce mãe de minha alma!...".
E ela diz a cantar: "Deus te abençoe, meu filho...".

NARCISA AMÁLIA

27

O GRITO DE CÓLERA

Lembra-se do instante em que gritou fortemente, antes do almoço?

Por insignificante questão de vestuário, você pronunciou palavras feias em voz alta, desrespeitando a paz doméstica.

Ah! meu filho, quantos males foram atraídos por seu gesto de cólera!...

A mamãe, muito aflita, correu para o interior, arrastando atenções de toda a casa. Voltou-lhe a dor de cabeça e o coração tornou a descompassar-se.

As duas irmãs, que cuidavam da refeição, dirigiram-se precipitadamente para o quarto, a fim de socorrê-la, e duas terças partes do almoço ficaram inutilizadas.

Em razão das circunstâncias provocadas por sua irreflexão, o papai, muito contrariado, foi compelido a esperar mais tempo em casa, chegando ao serviço com grande atraso.

Seu chefe não estava disposto a tolerar-lhe a falta e recebeu-o com repreensão áspera.

Quem o visse, ereto e digno, a sofrer essa pena, em virtude da sua leviandade, sentiria compaixão, porque você não passa de um jovem necessitado de disciplina, e ele é um homem de bem, idoso e correto, que já venceu muitas tempestades para amparar a família e defendê-la. Humilhado, suportou as consequências de seu gesto impulsivo, por vários dias, observado na oficina qual se fora um menino vadio e imprudente.

Os resultados de sua gritaria foram, porém, mais vastos.

A mãezinha piorou e o médico foi chamado.

Medicamentos de alto preço, trazidos à pressa, impuseram vertiginosa subida às despesas, e o papai não conseguiu pagar todas as contas de armazém, farmácia e aluguel de casa.

Durante seis meses, toda a sua família lutou e solidarizou-se para recompor a harmonia quebrada, desastradamente, por sua ira infantil.

Cento e oitenta dias de preocupações e trabalhos árduos, sacrifícios e lágrimas! Tudo porque você, incapaz de compreender a cooperação alheia, se pôs a berrar, inconscientemente, recusando a roupa que lhe não agradava.

Pense na lição, meu filho, e não repita a experiência.

Todos estamos unidos, reciprocamente, através de laços que procedem dos desígnios divinos. Ninguém se reúne ao acaso. Forças superiores impelem-nos uns para os outros, de modo a aprendermos a ciência da felicidade, no amor e no respeito mútuos.

O golpe do machado derruba a árvore de vez.

A ventania destrói um ninho de momento para outro.

A ação impensada de um homem, todavia, é muito pior.

O grito de cólera é um raio mortífero, que penetra o círculo de pessoas em que foi pronunciado e aí se demora, indefinidamente, provocando moléstias, dificuldades e desgostos.

Por que não aprende a falar e a calar, em benefício de todos?

Ajude em vez de reclamar.

A cólera é força infernal que nos distancia da paz divina.

A própria guerra, que extermina milhões de criaturas, não é senão a ira venenosa de alguns homens que se alastra, por muito tempo, ameaçando o mundo inteiro.

Neio Lúcio

28

PROFESSORES DIFERENTES

Entre familiares e amigos, encontras, na Terra, a oficina do teu burilamento.
Com raras exceções, todos apresentam problemas a resolver.
Problemas na emoção e no pensamento.
Problemas na palavra e na ação.
Problemas no lar e no trabalho.
Problemas no caminho e nas relações.
Prossegues, assim, junto deles, como quem respira ao pé de múltiplos instrutores num instituto de ensino.
Muitos reclamam trabalho, lecionando paciência, enquanto outros te ferem a sensibilidade, diplomando-te em sacrifício. Há os que te escandalizam incessantemente, adestrando-te em piedade, e aqueles que te golpeiam a alma, com as lâminas invisíveis da ingratidão, para que aprendas a perdoar.
E as lições vão surgindo, à maneira de testes inevitáveis.

Agora, é o esposo que deserta, dobrando-te a carga de obrigações, ou, noutras circunstâncias, é a esposa que se rebela aos compromissos, agoniando-te as horas... Hoje, ainda, são os pais que te contrariam as esperanças, os filhos que te aniquilam os sonhos ou os amigos que se transformam em duros entraves no serviço a fazer.

Nenhum problema, entretanto, aparece ao acaso, e, por isso, é imperioso te armes de amor para a luta íntima.

Fugir da dificuldade é, muitas vezes, a ideia que te nasce como o melhor remédio. Semelhante atitude, porém, seria o mesmo que debandar, menosprezando as exigências da educação.

Carrega, pois, com serenidade e valor o fardo de aflições que o pretérito te situa nos ombros, convicto de que os associados complexos do destino são antigos parceiros de tuas experiências, a repontarem do caminho, solicitando contas e acertos.

Seja qual for o ensinamento de que se façam intérpretes, roga à Sabedoria Divina te inspire a conduta, a fim de que não percas o merecimento da escola a que a vida te conduziu.

Ainda mesmo em lágrimas lê, sem revolta, no livro do coração, as páginas de dor que te imponham, ofertando-lhes por resposta as equações do amor puro, em forma de tolerância e bondade, auxílio e compreensão.

Recorda que o próprio Cristo, sem débito algum, transitou, cada dia, na Terra, entre esses professores diferentes do espírito. E, solucionando, na base da humildade, os problemas que recebia na atitude e no comportamento de cada um, submeteu-se, a sós, à prova final da suprema renúncia, à qual igualmente te submeterás, um dia, na conquista da própria sublimação — o único meio de te elevares ao clima glorioso dos companheiros já redimidos que te aguardam, vitoriosos, nas eminências da Espiritualidade.

EMMANUEL

29

COMPANHEIROS MUDOS

Com excelentes razões, mobilizas os talentos da palavra, a cada instante, permutando impressões com os outros.

Selecionas os melhores conceitos para os ouvidos de assembleias atentas.

Aconselhas o bem, plasmando terminologia adequada para a exaltação da virtude.

Estudas Filologia e Gramática no culto à linguagem nobre.

Encontras a frase exata, no momento certo, em que externas determinado ponto de vista.

Sabes manejar o apontamento edificante em família.

Lecionas disciplinas diversas.

Debates problemas sociais.

Analisas os sucessos diários.

Questionas serviços públicos.

Indiscutivelmente, o verbo é luz da vida, de que o próprio Jesus se valeu para legar-nos o Evangelho Renovador.

Entretanto, nesta nota simples, vimos rogar-te apoio e consolação para aqueles companheiros a quem a nossa destreza vocabular não consegue servir em sentido direto.

Compareçam, às centenas, aqui e ali...

Jazem famintos e não comentam a carência de pão.

Amargam dolorosa nudez e não reclamam contra o frio.

Experimentam agoniadas depressões morais, sem pedirem qualquer reconforto à ideia religiosa.

Sofrem prolongados suplícios orgânicos, incapazes de recorrer voluntariamente ao amparo da Medicina.

Pensa neles e, de coração enternecido, quanto puderes, oferece-lhes algo de teu amor, através da peça de roupa ou da xícara de leite, da poção medicamentosa ou do minuto de atenção e carinho, porque esses companheiros mudos e expectantes que nos rodeiam são as criancinhas necessitadas e padecentes que não podem falar.

EMMANUEL

30

CARTA AOS PAIS

Não podes viver a esmo,
Numa estrada indefinida.
Um pai tem obrigações
Das mais nobres que há na vida.

Meu irmão, em tua casa,
Nas ternuras dos filhinhos,
Personifica o bom senso,
Entre os beijos e os carinhos.

Por enquanto, a Terra inteira
Inda é um mar encapelado
Se não dominas a onda
Virás a ser dominado.

Entende a luz do caminho.
A tua finalidade
Não é somente a da espécie
Nas lutas da Humanidade.

Exige-se muito mais
Dos teus esforços no mundo;
Recebeste de Jesus
Um dom sagrado e profundo.

Se a missão das mães terrestres
É conduzir e ensinar,
O teu trabalho é de agir
No esforço de transformar.

Não olvides teus deveres
Na esfera da educação,
Fazendo de tua casa
A escola de redenção.

Um pai que deixa os filhinhos
Abandonados ao léu,
Não corresponde no mundo
À confiança do Céu.

Cuida bem dos pequeninos.
A educação tem segredos
Que devem ser estudados
Desde os tempos dos brinquedos.

A tua função no lar
Não é somente prover,
Mas adotar providências,
Procurando esclarecer.

Ensina os teus a gastar.
Quem vive muito à vontade
Pode encontrar a miséria
No fim da ociosidade.

Gastar somente o que é justo
É ser prudente e cristão.
Quem gasta o que não é seu
Faz dívidas de aflição.

Luta sempre, mas se os teus
Não te seguirem os trilhos,
Esperemos nesse Pai
De que todos somos filhos.

Na pobreza ou na fortuna,
Esforça-te, meu amigo.
Exemplifica o trabalho
E Deus estará contigo.

CASIMIRO CUNHA

31

Um desastre

I

Duarte Nunes enriquecera. Duas grandes farmácias, muito bem dirigidas, eram para ele duas galinhas de ovos de ouro. Dono do próprio tempo, não sabia usá-lo da maneira mais nobre e, por isso, estimava nas grandes emoções suas grandes fugas.
 Corridas de cavalos, corridas de automóveis, concursos de lanchas...
 Entusiasta de todos os esportes. Gastador renitente.
 Apesar disso, era bom esposo e bom pai. De vez em vez, levava os filhinhos, Marilene e Murilo, às brigas de galos. O belo casal de garotos, porém, não gostava. Marilene voltava o rosto para não ver, e Murilo, forte petiz de quatro anos, chorava desapontado.
 — Poltrão! — dizia o pai, com adocicada ironia. E colocava os dois no carro para longo passeio. A esposa, muitas vezes presente, rogava

aflita: "Nunes, mais devagar". Ele, porém, sorria, sarcástico, e dava largas ao freio. Sessenta, oitenta quilômetros...

Noutras circunstâncias, era Elmo Bruno, o amigo inseparável, que advertia, quando o carro de luxo parecia comer o chão:

— Não corra assim tanto... Olhe os pedestres!
— Que tenho eu lá com isso?

E Bruno explicava:

— Há pessoas distraídas e crianças inconscientes. Nem sempre conseguem, de pronto, ver os sinais...

Duarte encerrava o capítulo, acrescentando:

— Rodas foram feitas para rodar. E depressa.

De outras vezes, era o próprio pai dele a aconselhá-lo, enquanto o veículo parecia voar:

— Meu filho, é preciso prudência... O volante pede calma... Penso que, além dos quarenta quilômetros, tudo é caminho para desastre...

— Frioleiras, papai — respondia Nunes, bem-humorado, agravando o problema.

Sempre que exortado, corria mais.

II

— Meninos de apartamento, aves engaioladas! — dizia a mamãe Duarte Nunes, abraçando os netos.

— Então — disse o pai, sorrindo —, preferem a vovó?

— Sim, sim...

Decorridos minutos, saem todos na manhã domingueira.

Dona Branca desce com a nora, amparando as crianças, ao pé da própria casa a pleno sol de Ipanema e declara:

— Nossos pássaros prisioneiros querem hoje a largueza da praia. Vamos respirar... — Riram-se todos.

E o auto, conduzindo Nunes e Elmo, saiu em disparada.

Mais tarde, Petrópolis.

Amigos improvisavam corridas de bicicletas. Bandeirinhas. Anotações. Relógios em massa. Homens magros, pedalando, ansiosos e, por fim, o ágape em hotel serrano, sob árvores farfalhudas.

Ao virar da tarde, o regresso.

Todo o Rio ainda vibra de sol.

— Por que não buscar, primeiro, a cerveja pura e gelada, em Copacabana? — perguntou Nunes, contente.

O carro devora o asfalto.

— Devagar, devagar... — pede o amigo.

Depois da cerveja, o retorno a casa. Nunes inicia a marcha, como quem decola.

— Devagar, devagar — roga o companheiro.

Ele ri. Desatende. A poucos minutos, ambos veem um pequeno em maiô. Está só. Agita-se. E corre de través procurando o outro lado. Nunes tenta frear, mas é tarde. Atropela o garoto que tomba qual pluma ao vento.

Populares gritando. O menino estendido na rua é um pássaro que agoniza.

Sangue. Muito sangue. Nunes aflige-se. Elmo volta e vê. Ergue a criança, espantado, e caminha no rumo dele.

— Seja quem for — grita Nunes —, leve à nossa farmácia... Toda a despesa gratuita...

Todavia, o amigo, boquiaberto, apresenta-lhe o menino morto e exclama:

— Nunes, este menino é...

— É quem? Diga logo — falou Nunes, impaciente.

Mas não precisou de maiores minúcias, porque Bruno, traumatizado, disse-lhe apenas:

— É seu filho...

Irmão X

32

SOLUÇÃO NATURAL

Os Espíritos benfeitores já não sabiam como atender à pobre senhora obsidiada.
Perseguidor e perseguida estavam mentalmente associados à maneira de polpa e casca no fruto.
Os amigos desencarnados tentaram afastar o obsessor, induzindo a jovem senhora a esquecê-lo, mas debalde.
Se tropeçava na rua, a moça pensava nele...
Se alfinetava um dedo em serviço, atribuía-lhe o golpe...
Se o marido estivesse irritado, dizia-se vítima do verdugo invisível...
Se a cabeça doía, acusava-o...
Se uma xícara se espatifasse no trabalho doméstico, imaginava-se atacada por ele...
Se aparecesse leve dificuldade econômica, transformava a prece em crítica ao desencarnado infeliz...
Reconhecendo que a interessada não encontrava libertação, por teimosia, os instrutores espirituais

ligaram os dois — a doente e o acompanhante invisível — em laços fluídicos mais profundos, até que ele renasceu dela mesma, por filho necessitado de carinho e de compaixão.
Os benfeitores descansaram.
O obsessor descansou.
A obsidiada descansou.
O esposo dela descansou.
Transformar obsessores em filhos, com a bênção da Providência Divina, para que haja paz nos corações e equilíbrio nos lares, muita vez é a única solução.

HILÁRIO SILVA

33

A INFÂNCIA

Quando o berço é relegado ao abandono, o lar desce ao nível do inferno.

ANDRÉ LUIZ

*

Na doce ternura em flor
De um pequenino a sorrir,
A vida te pede amor
Na construção do porvir.

JOÃO DE DEUS

*

Auxilia a infância torturada. A miséria e o sofrimento começam no berço desprotegido.

BATUÍRA

*

Ajuda a criança pobre,
Por amor ao teu filhinho.
O berço desamparado
É treva para o caminho.

Casimiro Cunha

*

Não menosprezes a tua oportunidade de estender mãos amigas aos filhinhos do infortúnio. Recorda que Jesus, o Enviado Divino, foi saudado por uma estrela nas palhas da Manjedoura.

Emmanuel

34

RESPOSTA DO ALÉM

Minha irmã: Valho-me do "correio do outro mundo" para responder à sua carta, cheia da sensibilidade do seu coração de mulher.

Pede-me a senhora o concurso de Espírito desencarnado para a solução de problemas domésticos no setor de educação aos filhinhos que Deus lhe confiou. Conforta-me, sobremaneira, a sua generosidade; entretanto, minha amiga, a opinião dos mortos, esclarecidos na realidade que lhes constitui o novo ambiente, será sempre muito diversa do conceito geral.

A verdade que o túmulo nos fornece renova quase todos os preceitos que nos pautavam as atitudes.

Aí no mundo, entrajados no velho manto das fantasias, raros pais conseguem fugir à cegueira do sangue. De orientadores positivos, que deveríamos ser, passamos à condição de servidores menos dignos dos filhos que a Providência nos entrega, por algum tempo, ao carinho e ao cuidado.

Na Europa, trabalhada pelo sofrimento, existem coletividades que já se acautelam contra os perigos da inconsciência na educação infantil entre mimos e caprichos satisfeitos. Conhecemos, por exemplo, um rifão inglês que recomenda: "poupa a vara e estraga a criança". Mas, na América, geralmente, poupamos os defeitos da criança para que o jovem nos deite a vara logo que possa vestir-se sem nós. Naturalmente que os britânicos não são pais desnaturados, nem monstros que atormentam os meninos na calada da noite, mas compreenderam, antes de nós, que o amor, para educar, não prescinde da energia, e que a ternura, por mais valiosa, não pode dispensar o esclarecimento.

Dentro do Novo Mundo, e principalmente em nosso país, as crianças são pequeninos e detestáveis senhores do lar que, aos poucos, se transformam em perigosos verdugos. Enchemo-las de brinquedos inúteis e de carinhos prejudiciais, sem a vigilância necessária, diante do futuro incerto. Lembro-me, admirado, do tempo em que se considerava herói o genitor que roubasse um guizo para satisfazer a impertinência de algum pequerrucho traquinas e, muitas vezes, recordo, envergonhado, a veneração sincera com que via certas mães insensatas a se debulharem em pranto pela impossibilidade de adquirir uma grande boneca para a filhinha exigente. A morte, todavia, ensinou-me que tudo isso não passa de loucura do coração.

É necessário despertar a alegria e acender a luz da felicidade em torno das almas que recomeçam a luta humana em corpos tenros e, muita vez, enfermiços. Fora tirania doméstica subtraí-las ao sol, ao jardim, à Natureza. Seria crime cerrar-lhes o sorriso gracioso com os ralhos inoportunos, quando os seus olhos ingênuos e confiantes nos pedem compreensão. Entretanto, minha amiga, não cogitamos de proporcionar-lhes a alegria construtiva, nem nos preocupamos com a sua felicidade real. Viciamo-las simplesmente.

Começamos a tarefa ingrata, habituando-lhes a boca às piores palavras da gíria e incentivando-lhes as mãos pequenas à agressividade risonha. Horrorizamo-nos quando alguém nos fala em corrigenda e trabalho. A palmatória e a oficina destinam-se aos filhos alheios. Convertemos o lar, santuário edificante que a Majestade Divina nos confia na Terra, em fortaleza odiosa, dentro da qual ensinamos o menosprezo aos vizinhos e a guerra sistemática aos semelhantes. Satisfazendo-lhes os caprichos, dispomo-nos a esmagar afeições sublimes, ferindo nossos melhores amigos e descendo aos fundos abismos do ridículo e da estupidez. Fiéis às suas descabidas exigências, falhamos em setenta por cento de nossas oportunidades de realização espiritual na existência terrestre. Envelhecemo-nos prematuramente, contraímos dolorosas enfermidades da alma e, quase sempre, só reconhecem alguma coisa de nossa renúncia vazia quando o matrimônio e a família direta os defrontam, no extenso caminho da vida, dilatando-lhes obrigações e trabalhos. Ainda aí, se a piedade não comparece no quadro de suas concepções renovadas, convertem-nos em avós escravos e submissos.

A morte, porém, colhe nossa alma em sua rede infalível para que nos aconselhemos, de novo, com a verdade. Cai-nos a venda dos olhos e observamos que os nossos supostos sacrifícios não representavam senão amargoso engano da personalidade egoística. Nossas longas vigílias e atritos angustiosos eram, apenas, a defesa improfícua de mentiroso sistema de proteção familiar. E humilhados, vencidos, tentamos debalde o exercício tardio da correção. Absolutamente desamparados de nossa lealdade e de nossa previdência, por se manterem viciados pela nossa indesejável ternura, os filhos do nosso amor rolam, vida afora, aprendendo na aspereza do caminho comum. É que, antes de serem os rebentos temporários de nosso sangue, eram companheiros espirituais no campo da vida infinita, e, se voltaram ao internato da reencarnação, é que necessitavam atender ao resgate, junto de nós outros, adquirindo mais luz no entendimento. Não devíamos cercá-los de mimos inúteis, mas de lições proveitosas, preparando-os, em face das exigências da evolução e do aprimoramento, para a vida eterna.

Desse modo, minha amiga, use os seus recursos educativos compatíveis com o temperamento de cada bebê, encaminhando-lhes o passo, desde cedo, na estrada do trabalho e do bem, da verdade e da compreensão, porque as escolas públicas ou particulares instruem a inteligência, mas não se podem responsabilizar pela edificação do sentimento. Em cada cidade do mundo pode haver um Pestalozzi que coopere na formação do caráter infantil, mas ninguém pode substituir os pais na esfera educativa do coração.

Se a senhora, porém, não acreditar em minhas palavras, por serem filhas da realidade indisfarçável e dura, exercite exclusivamente o carinho e espere pela lição do futuro, sem incomodar-se com os meus conselhos, porque eu também, se ainda estivesse envolvido na carne terrestre e se um amigo do "outro mundo" me viesse trazer os avisos que lhe dou, provavelmente não os aceitaria.

Irmão X

35

CARTA A MEU FILHO

Meu filho, dito esta carta para que você saiba que estou vivo.

Quando você me estendeu a taça envenenada que me liquidou a existência, não pensávamos nisso.

Nem você, nem eu.

A ideia da morte vagueava longe de mim, porque esperava de suas mãos apenas o remédio anestesiante para a minha enxaqueca.

Entendi tudo, porém, quando você, transtornado, cerrou subitamente a porta e exclamou com frieza:

— Morre, velho!

As convulsões, que me tomavam de improviso, traumatizavam-me a cabeça...

Era como se afiada navalha me cortasse as vísceras num braseiro de dor.

Pude ainda, no entanto, reunir minhas forças em suprema ansiedade e contemplar você diante de meus olhos.

Suas palavras ressoavam-me aos ouvidos: "morre, velho!".

Era tudo o que você, alterado e irreconhecível, tinha agora a dizer.

Entretanto, o amor em minh'alma era o mesmo.

Tornei à noite recuada quando o afaguei pela primeira vez.

Sua mãezinha dormia, extenuada...

Pequenino e tenro de encontro ao meu peito, senti em você meu próprio coração a vagir nos braços...

E as recordações desfilaram, sucessivas.

Você, qual passarinho contente a abrigar-se em meu colo, o álbum de fotografias em que sua imagem apresentava desenvolvimento gradativo em todas as posições, as festas de aniversário e os bolos coloridos enfeitados de velas que seus lábios miúdos apagavam sempre numa explosão de alegria... Rememorei nossa velha casa, a princípio humilde e pobre, que o meu suor convertera em larga habitação, rica e farta... Agoniado, recordei incidentes, desde muito esquecidos, nos quais me observava expulsando crianças ternas e maltrapilhas do grande jardim de inverno para que nosso lar fosse apenas seu... Reencontrei-me, trabalhando, qual suarento animal, para que as facilidades do mundo nos atendessem as ilusões e os caprichos...

Em todos os quadros a se me reavivarem na lembrança, era você o grande soberano de nosso pequeno mundo...

O passado continuou a desdobrar-se dentro de mim. Revisei nossa luta para que os livros lhe modificassem a mente, o baldado esforço para que a mocidade se lhe erigisse em alicerce nobre ao futuro... De volta às antigas preocupações que me assaltavam, anotei-lhe, de novo, as extravagâncias contínuas, os aperitivos, os bailes, os prazeres, as companhias desaconselháveis, a rebeldia constante e o carro de luxo com que o presenteei num momento infeliz...

Filho de meu coração, tudo isso revi...

Dera-lhe todo o dinheiro que conseguira ajuntar, mas você desejava o resto.

Nas vascas da morte, vi-o, ainda, mãos ansiosas, arrebatando-me o chaveiro para surripiar as últimas joias de sua mãe... Vi perfeitamente quando você empalmou o dinheiro, que se mantinha fora de nossa conta bancária, e, porque não podia odiá-lo, orei talvez com fervor e sinceridade pela primeira vez — rogando a Deus nos abençoasse e compreendendo, tardiamente, que a verdadeira felicidade de nossos filhos reside, antes de tudo, no trabalho e na educação com que lhes venhamos a honrar a vida.

Não dito esta carta para acusá-lo.

Nem de leve me passou pelo pensamento o propósito de anunciar-lhe o nome.

Você continua sangue de meu sangue, coração de meu coração.

Muitas vezes, ouvi dizer que há filhos criminosos, mas entendo hoje que, na maioria das circunstâncias, há, junto deles, pais delinquentes por acreditarem muito mais na força do cofre que na riqueza do espírito, afogando-os, desde cedo, na sombra da preguiça e no vício da ingratidão.

Não venho falar, assim, unicamente a você, porque seu erro é o meu erro igualmente. Falo também a outros pais, companheiros meus de esperança, para que se precatem contra o demônio do ouro desnecessário, porque todo ouro desnecessário, quando não busca o conselho da caridade, é tentação à loucura.

Há quem diga que somente as mães sabem amar e, realmente, o regaço materno é uma bênção do paraíso. Entretanto, meu filho, os pais também amam e, por amar imensamente a você, dirijo-lhe a presente mensagem, afirmando-lhe estar em prece para que a nossa falta encontre socorro e tolerância nos tribunais da Divina Justiça, aos quais rogo me concedam, algum dia, a felicidade de tê-lo novamente ao meu lado, por retrato vivo de meu carinho... Então nós dois juntos, de passo acertado no trabalho e no bem, aprenderemos, enfim, como servir ao mundo, servindo a Deus.

J.

36

Pequeninos

No mundo, resguardamos zelosamente livros e pergaminhos, empilhando compêndios e documentações, em largas bibliotecas, que são cofres fortes do pensamento.

Preservamos tesouros artísticos de outras eras em museus que se fazem riquezas de avaliação inapreciável.

Perfeitamente compreensível que assim seja.

A educação não prescinde da consulta ao passado.

*

Acautelamos a existência de rebanhos e plantações contra flagelos supervenientes, despendendo milhões para sustar ou diminuir a força destrutiva das inundações e das secas.

Mobilizamos verbas astronômicas no erguimento de recursos patrimoniais devidos ao conforto da coletividade, tanto no sustento e defesa das instituições, quanto no equilíbrio e aprimoramento das relações humanas.

Claramente normal que isso aconteça.

É indispensável prover as exigências do presente com todos os elementos necessários à respeitabilidade da vida.

*

Urge, entretanto, assegurar o porvir, a esboçar-se impreciso, no mundo ingênuo da infância.

Abandonar pequeninos ao léu, na civilização magnificente da atualidade, é o mesmo que levantar soberbo palácio, farto de viandas, abarrotado de excessos e faiscante de luzes, relegando o futuro dono ao relaxamento e ao desespero, fora das portas.

A criança de agora erigir-se-nos-á fatalmente em biografia e retrato depois. Além de tudo, é preciso observar que, segundo os princípios da reencarnação, os meninos de hoje desempenharão, amanhã, junto de nós, a função de pais e conselheiros, orientadores e chefes.

Não nos cansemos, pois, de repetir que todos os bens e todos os males que depositarmos no espírito da criança ser-nos-ão devolvidos.

EMMANUEL

37

VERSOS A MINHA MÃE

Pássaro preso no recinto escasso
Do velho canavial, beirando o rio,
Quis ver o mundo vasto e conheci-o,
Varando, em pleno voo, o azul do espaço...

Lembro-me agora... Enceguecido, abraço
A exaltação, a glória e o poderio...
Mas tudo, minha mãe, era vazio
Fora do amor que brilha em teu regaço.

Vi mil chagas de dor que a fama incensa
Nos nervos de ouro da cidade imensa,
E prazeres, em trágico desmando...

Mas no colo a que, em sonho, me recostas,
Tenho apenas teu vulto de mãos postas,
Que teu filho recorda, soluçando...

DA COSTA E SILVA

Confidência de mãe

Dei-te um berço de rendas e de flores,
Adorei-te por nume excelso e amigo
E inclinei-te, meu filho, a ser comigo
Soberano de sonhos tentadores.

Ordenava no orgulho que maldigo:
— "Não te curves nem sirvas, aonde fores...".
 Entreguei-te mentiras por louvores
E enganosa fortuna por abrigo.

Hoje, de alma surpresa, torno a casa!
Tremo ao ver-te no luxo que te arrasa,
Como quem dorme em trágico veneno!

E choro, filho meu, choro vencida,
Por guardar-te entre os grandes toda a vida,
Sem jamais ensinar-te a ser pequeno.

Andradina de Oliveira

39

História de um pão

Quando Barsabás, o tirano, demandou o reino da morte, buscou debalde reintegrar-se no grande palácio que lhe servira de residência.

A viúva, alegando infinita mágoa, desfizera-se da moradia, vendendo-lhe os adornos.

Viu ele, então, baixelas e candelabros, telas e jarrões, tapetes e perfumes, joias e relíquias sob o martelo do leiloeiro, enquanto os filhos querelavam no tribunal, disputando a melhor parte da herança.

Ninguém lhe lembrava o nome, desde que não fosse para reclamar o ouro e a prata que doara a mordomos distintos.

E porque na memória de semelhantes amigos ele não passava, agora, de sombra, tentou o interesse afetivo de companheiros outros da infância...

Todavia, entre estes encontrou simplesmente a recordação dos próprios atos de malquerença e de usura.

Barsabás entregou-se às lágrimas de tal modo, que a sombra lhe embargou, por fim, a visão, arrojando-o nas trevas...

Vagueou por muito tempo no nevoeiro, entre vozes acusadoras, até que um dia aprendeu a pedir na oração, e, como se a rogativa lhe servisse de bússola, embora caminhasse às escuras, eis que, de súbito, se lhe extingue a cegueira e ele vê, diante de seus passos, um santuário sublime, faiscante de luzes.

Milhões de estrelas e pétalas fulgurantes povoavam-no em todas as direções.

Barsabás, sem perceber, alcançara a Casa das Preces de Louvor, nas faixas inferiores do firmamento.

Não obstante deslumbrado, chorou, impulsivo, ante o ministro espiritual que velava no pórtico.

Após ouvi-lo, generoso, o funcionário angélico falou sereno:

— Barsabás, cada fragmento luminoso que contemplas é uma prece de gratidão que subiu da Terra...

— Ai de mim — soluçou o desventurado —, eu jamais fiz o bem...

— Em verdade — prosseguiu o informante —, trazes contigo, em grandes sinais, o pranto e o sangue dos doentes e das viúvas, dos velhinhos e órfãos indefesos que despojaste, nos teus dias de invigilância e de crueldade; entretanto, tens aqui, em teu crédito, uma oração de louvor...

E apontou-lhe acanhada estrela, que brilhava à feição de pequenino disco solar.

— Há 32 anos — disse, ainda, o instrutor —, deste um pão a uma criança e essa criança te agradeceu, em prece ao Senhor da Vida.

Chorando de alegria e consultando velhas lembranças, Barsabás perguntou:

— Jonakim, o enjeitado?

— Sim, ele mesmo — confirmou o missionário divino. — Segue a claridade do pão que deste, um dia, por amor, e livrar-te-ás, em definitivo, do sofrimento nas trevas.

E Barsabás acompanhou o tênue raio do tênue fulgor que se desprendia daquela gota estelar, mas, em vez de elevar-se às Alturas, encontrou-se numa carpintaria humilde da própria Terra.

Um homem calejado aí refletia, manobrando a enxó em pesado lenho...

Era Jonakim, aos quarenta de idade.

Como se estivessem os dois identificados no doce fio de luz, Barsabás abraçou-se a ele, qual viajante abatido de volta ao calor do lar...

....

Decorrido um ano, Jonakim, o carpinteiro, ostentava, sorridente, nos braços, mais um filhinho, cujos louros cabelos emolduravam belos olhos azuis.

Com a bênção de um pão dado a um menino triste, por espírito de amor puro, conquistara Barsabás, nas Leis Eternas, o prêmio de renascer para redimir-se.

IRMÃO X

40

Essas outras crianças

Quando abraçares teu filho, no conforto doméstico, fita essas outras crianças que jornadeiam sem lar.

*

Dispões de alimento abundante para que teu filho se mantenha em linha de robustez.

Essas outras crianças, porém, caminham desnorteadas, aguardando os restos da mesa que lhes atiras, com displicência, findo o repasto.

*

Escolhes a roupa nobre e limpa com que teu filho se vestirá, conforme a estação.

Todavia, essas outras crianças tremem de frio, recobertas de andrajos.

*

Defendes teu filho contra a intempérie, sob teto acolhedor, sustentando-o à feição de joia no escrínio.

*

Contudo, essas outras crianças cochilam estremunhadas, na via pública, quando não se distendem no espaço asfixiante do esgoto.

*

Abres ao olhar deslumbrado de teu filho os tesouros da escola.

E essas outras crianças suspiram debalde pela luz do alfabeto, acabando, muita vez, encerradas no cubículo das prisões, à face da ignorância que lhes cega a existência.

*

Conduzes teu filho a exame de pediatras distintos sempre que entremostre leve dor de cabeça.

Entretanto, essas outras crianças, minadas por moléstias atrozes, agonizam em leitos de pedra, sem que mão amiga as socorra.

*

Ofereces aos sentidos de teu filho a festa permanente das sugestões felizes, através da educação incessante.

No entanto, essas outras crianças guardam olhos e ouvidos quase sempre sintonizados no lodo abismal das trevas.

*

Afaga, assim, teu filho no trono familiar, mas desce ao pátio da provação onde essas outras crianças se agitam em sombra ou desespero, e ajuda-as quanto possas!

*

CAPÍTULO 40: Essas outras crianças

Quem serve no amor do Cristo sabe que a boa palavra e o gesto de carinho, o pedaço de pão e a peça de vestuário, o frasco de remédio e a xícara de leite operam maravilhas.

*

Proclamas, a cada passo que esperas, confiante, o esplendor do futuro, mas, enquanto essas outras crianças chorarem desamparadas, clamaremos em vão pelo mundo melhor.

EMMANUEL

41

ÁLBUM MATERNO

...E nós respigamos alguns tópicos do álbum repleto de fotos, que descansava na penteadeira de dona Silvéria Lima, ao lermos enternecidamente a história do filho, que ela própria escrevera.

1941 — Outubro, 16 — Meu filho nasceu no dia 12. Sinto-me outra. Que alegria! Como explicar o mistério da maternidade? Meu Deus, meu Deus!... Estou transformada, jubilosa!...

Outubro, 18 — Meu filho recebeu o nome de Maurício. Aos seis dias de nascido, parece um tesouro do Céu em meus braços!...

Outubro, 20 — Recomendei a Jorge trazer hoje um berço de vime, delicado e maior. O menino é belo demais para dormir no leito de madeira que lhe arranjamos. Coisa estranha!... Jorge, desde que se casou comigo, nada reclamou... Agora, admite que exagero. Considerou que devemos pensar nas crianças menos felizes. Apontou casos de meninos que dormem no esgoto, mas que temos nós com meninos de esgoto? Caridade!... Caridade é cada um assumir o desempenho das próprias obrigações. Meu marido está ficando sovina. Isso é o que é...

1942 — Novembro, 11 — Mauricinho adoeceu. Sinto-me enlouquecer... Já recorri a seis médicos.

1943 — Dezembro, 15 — O pediatra aconselhou-me deixar a amamentação e mandou que Mauricinho largue a chupeta. Repetiu instruções, anunciou, solene, que a educação da criança deve começar tão cedo quanto possível. Essa é boa! Eu sou mãe de Mauricinho e Mauricinho é meu filho. Que tem o médico de se intrometer? Amamento meu filho e dou-lhe a chupeta enquanto ele a quiser.

1944 — Março, 13 — Mauricinho, intranquilo, arranhou, de leve, o rosto da ama com as unhas. Brincadeira de criança, bobagem. Jorge, porém, agastou-se comigo por não repreendê-lo. Tentou explicar-me a reencarnação. Assegurou que a criança é um Espírito que já viveu em outras existências, quase sempre tomando novo corpo para se redimir de culpas anteriores, e repisou que os pais são responsáveis pela orientação dos filhos diante de Deus, porque os filhos (palavras do coitado do Jorge) são companheiros de vidas passadas que regressam até nós, aguardando corrigenda e renovação... Deu-me vontade de rir na cara dele. Antes do casamento, Jorge já andava enrolado com espíritas... Reencarnação!... Quem acredita nisso? Balela... Chega um momento de nervosismo, a criança chora, e será justo espancá-la, simplesmente por essa razão?

1946 — Março, 15 — Jorge admoestou-me com austeridade. Parecia meu avô querendo puxar-me as orelhas. Declarou que não estou agindo bem. Acusou-me. Tratou-me como se eu fosse irresponsável. Tem-se a impressão de que é inimigo do próprio filho. Queixou-se de mim, alegou que estou deixando Maurício crescer como um pequeno monstro (que palavra horrível!), tão só porque o menino, ontem, despejou querosene no cão do vizinho e ateou fogo... Era um cachorro intratável e imundo. Certamente que não estou satisfeita por haver Maurício procedido assim, mas sou mãe... Meu filho é um anjo e não fez isso conscientemente. Talvez julgasse que o fogo conseguisse acabar com a sujeira do cão.

1948 — Abril, 9 — Crises de Maurício. Quebrou vidraças e pratos, esperneou na birra e atirou um copo de vidro nos olhos da cozinheira, que ficou levemente machucada, seguindo para o hospital... Jorge queria castigar o menino. Não deixei. Discutimos. Chorei muito. Estou muito infeliz.

1950 — Setembro, 5 — A professora de Maurício veio lastimar-se. Moça neurastênica. Inventou faltas e mais faltas para incriminar o pobre garoto. Informou que não pode mantê-lo, por mais tempo, junto dos alunos. Mulher atrevida! Pintou meu filho como se fosse o diabo. Ensinei a ela que a porta da rua é serventia da casa. Deixa estar! Ela também será mãe... Que bata nos filhos dela!...

1952 — Maio, 16 — Maurício já foi expulso de três colégios. Perseguido pela má sorte o meu inocentinho!... Jorge afirma-se cansado, desiludido... Já falou até mesmo num internato de correção. Meu Deus, será que meu filho somente encontre amor e refúgio comigo? Tão meigo, tão bom!... Prefiro desquitar-me a permitir que Jorge execute qualquer ideia de punição que, aliás, não consigo compreender... Meu filho será um homem sem complexos, independente, sem restrições... Quero Maurício feliz, feliz!...

1956 — Meu marido quer empregar nosso filho numa casa de móveis. Loucura!... Acredita que Mauricinho precisa trabalhar sob disciplina. Que plano!... Meu filho com patrão... Era o que faltava!... Temos o suficiente para garantir-lhe sossego e liberdade.

1957 — Janeiro, 14 — Jorge está doente. O médico pediu para que lhe evitemos dissabores ou choques. Participou-me, discreto, que meu marido tem o coração fatigado, hipertensão. Desde o ano passado, Jorge tem estado triste, acabrunhado com as calúnias que começam a aparecer contra o nosso filhinho. Amigos-ursos fantasiaram que Maurício, em vez de frequentar o colégio, vive nas ruas com vagabundos. Chegaram ao desplante de asseverar que meu filho foi visto furtando e, ainda mais... falaram que ele usa maconha em casas suspeitas. Pobre filho meu!... Sendo filho único, Maurício necessita de ambiente para estudar, e se vem, alta madrugada, para dormir, é porque precisa do auxílio dos colegas, nas várias residências em que se reúnem com os livros.

1958 — Outubro, 6 — Jorge ficou irado porque exigi dele a compra de um carro para Maurício, como presente de aniversário. Brigou, xingou, mas cedeu...

1959 — Junho, 15 — Estou desesperada. Jorge foi sepultado ontem. Morreu apaixonado diante da violência do delegado policial que intimou Mauricinho a provar que não estava vendendo maconha. Amanhã, enviarei um advogado ao Distrito. Se preciso, processarei o chefe truculento... Ninguém arruinará o nome de meu filho, que é um santo... Oh! meu Deus, como sofrem as mães!...

1960 — Agosto, 2 — Duas mulheres me procuraram com a intenção de arrancar-me dinheiro. Disseram que meu filho lhes surripiou joias. Velhacas e mandrionas. Maurício jamais desceria a semelhante baixeza. Dou-lhe mesada farta. Expulsei as chantagistas e, se voltarem, conhecerão as necessárias providências.

1961 — Fevereiro, 22 — Nunca pensei que o nosso velho amigo Noel chegasse a isso!... Culpar meu filho! Sempre a mesma arenga... Maurício na maconha. Maurício no furto! Agora é um dos mais antigos companheiros de meu esposo que vem denunciar meu filho como incurso num suposto crime de estelionato, comunicando-me, numa farsa bem tramada, que Maurício lhe falsificou a letra num cheque, roubando-lhe trezentos contos... Tudo perseguição e mentira. Já ouvi dizer que Noel anda caduco. Usurário caminhando para o hospício. Essa é que é a verdade... Sou mãe!... Não permitirei que meu filho sofra; nunca admiti que alguém levantasse a voz contra ele... Maurício nasceu livre, é livre, faz o que entende e não é escravo de ninguém. Estou revoltada, revoltada!...

Nesse ponto, terminavam as confidências de dona Silvéria, cujo corpo estava ali, inerte e ensanguentado, diante de nós, os amigos desencarnados, que fôramos chamados a prestar-lhe assistência. Acabara de ser assassinada pelo próprio filho, obsidiado e sequioso de herança.

Enquanto selecionávamos as últimas notas do álbum singular, Maurício, em saleta contígua, telefonava para a polícia, depois de haver armado habilmente a tese do suicídio.

IRMÃO X

42

Cristo em casa

Se desejas extinguir
A sombra que aflige e atrasa,
Não olvides acender
A luz do Evangelho em casa.

Quanto possível, nas horas
De doce união no lar,
Estende a Lição Divina
Ao grupo familiar.

Na chama viva da prece,
O culto nobre inicia,
Rogando discernimento
À Eterna Sabedoria.

Logo após, lê, meditando
O Texto Renovador
Da Boa-Nova sublime,
Que é fonte de todo o amor.

Verás a tranquilidade,
Vestida em suave brilho,
Irradiando esperança
Em todo o teu domicílio.

Ante a palavra do Mestre,
Generosa, clara e boa,
A experiência na Terra
É luta que aperfeiçoa.

Mentiras da vaidade,
Velhos crimes da avidez,
Calúnia e maledicência
Desaparecem de vez...

Serpentes envenenadas
Do orgulho torvo e escarninho,
Sob o clarão da verdade,
Esquecem-nos o caminho.

Dificuldades e provas,
Na dor amargosa e lenta,
São recursos salvadores
Com que o Céu nos apascenta.

E o trabalho por mais rude,
No campo de cada dia,
É dádiva edificante
Do bem que nos alivia.

É que, na bênção do Cristo,
Clareia-se-nos a estrada
E a nossa vida ressurge,
Luminosa e transformada.

Conduze, pois, tua casa
À inspiração de Jesus.
O Evangelho em tua mesa
É pão da Divina Luz.

CASIMIRO CUNHA

43

A MULHER ANTE O CRISTO

Toda vez nos disponhamos a considerar a mulher em plano inferior, lembremo-nos dela, ao tempo de Jesus.

Há vinte séculos, com exceção das patrícias do Império, quase todas as companheiras do povo, na maioria das circunstâncias, sofriam extrema abjeção, convertidas em alimárias de carga, quando não fossem vendidas em hasta pública.

Tocadas, porém, pelo verbo renovador do Divino Mestre, ninguém respondeu com tanta lealdade e veemência aos apelos celestiais.

Entre as que haviam descido aos vales da perturbação e da sombra, encontramos em Madalena o mais alto testemunho de soerguimento moral, das trevas para a luz; e entre as que se mantinham no monte do equilíbrio doméstico, surpreendemos em Joana de Cusa o mais nobre expoente de concurso e fidelidade.

Atraídas pelo amor puro, conduziam à presença do Senhor os aflitos e os mutilados, os doentes e as crianças. E embora não lhe integrassem o círculo apostólico, foram elas — representadas nas filhas anônimas de Jerusalém — as únicas demonstrações de solidariedade espontânea que o visitaram, desassombradamente, sob a cruz do martírio, quando os próprios discípulos debandavam.

Mais tarde, junto aos continuadores da Boa-Nova, sustentavam-se no mesmo nível de elevação e de entendimento.

Dorcas, a costureira jopense, depois de amparada por Simão Pedro, fez-se mais ativa colaboradora da assistência aos infortunados. Febe é a mensageira da epístola de Paulo de Tarso aos romanos. Lídia, em Filipos, é a primeira mulher com suficiente coragem para transformar a própria casa em santuário do Evangelho nascituro. Loide e Eunice, parentas de Timóteo, eram padrões morais da fé viva.

Entretanto, ainda que semelhantes heroínas não tivessem de fato existido, não podemos olvidar que, um dia, buscando alguém no mundo para exercer a necessária tutela sobre a vida preciosa do Embaixador Divino, o Supremo Poder do Universo não hesitou em recorrer a abnegada mulher, escondida num lar apagado e simples...

Humilde, ocultava a experiência dos sábios; frágil como o lírio, trazia consigo a resistência do diamante; pobre entre os pobres, carreava na própria virtude os tesouros incorruptíveis do coração, e, desvalida entre os homens, era grande e prestigiosa perante Deus.

Eis o motivo pelo qual, sempre que o raciocínio nos induza a ponderar quanto à glória do Cristo — recordando, na Terra, a grandeza de nossas próprias Mães —, nós nos inclinaremos, reconhecidos e reverentes, ante a luz imarcescível da estrela de Nazaré.

EMMANUEL

44

SAUDADE VAZIA

Desde muito chorava o belo filho morto,
Num desastre de mar em suntuoso falucho...
Triste, a fidalga anciã vivia em pranto e luxo,
No esplêndido solar ao pé de velho porto...

Certo dia, a criada, em rijo desconforto,
Dá-lhe um pobre enjeitado, um magro pequerrucho.
Ela clama: "Não quero! Isto é morcego e bruxo,
Tem na face de monstro o nariz feio e torto!...".

E a dama solitária, em angústia insofrida,
Atravessou a morte e acordou noutra vida,
Buscando, ansiosa e rude, a afeição do passado...

Debalde soluçou, na lição do destino...
Ao desprezar na Terra o infeliz pequenino,
Recusara, orgulhosa, o filho reencarnado.

JORGE FALEIROS

45

Surpresa

— Se alguém de outra vida pudesse materializar-se aos meus olhos — dizia Germano Parreira, em plena sessão no próprio lar —, decerto que a minha fé seria maior... Um ser de outro planeta que me obrigasse a pensar... Tanta gente se reporta a visões dessa natureza! Entretanto, semelhantes aparições não passam do cérebro doentio que as imagina. Quero algo de evidente e palpável. Creio estarmos no tempo da elucidação positiva...

Ouvindo-o, o irmão Bernardo, mentor espiritual da reunião, que senhoreava as energias mediúnicas, aventou, sorridente:

— Você deseja, então, espetacular manifestação de Cima... Alguém que caia das nuvens à feição de um paraquedista do Espaço, em trajes fantasmagóricos, usando idioma incompreensível... um itinerante de outras constelações, cuja inopinada presença talvez ocasionasse enorme porção de mal, ao invés do bem que deveria trazer...

— Não, não é tanta a exigência — aduziu Parreira, desapontado. — Bastaria um ser materializado na forma humana, sem a descida visível do firmamento. Não será preciso que essa ou aquela entidade se converta em bólide para acentuar-me a convicção. Poderia surgir em nossa intimidade doméstica, sem qualquer passe de mágica, revelando-se no lar fechado em que antes não existia, a mostrar-se igual a nós outros, sendo, contudo, estranho ao nosso conhecimento...

— No entanto, sabe você que toda concessão envolve deveres justos. Um Espírito, para materializar-se na Terra, solicita meios e condições. Imaginemos que a iniciativa transformasse o hóspede suspirado numa criatura doente e débil, requisitando cuidado, até que pudesse exprimir-se com segurança. Incumbir-se-ia você de auxiliar o estrangeiro, acalentando-o com tolerância e bondade, até que venha a revelar-se de todo? Estaria disposto a sofrer-lhe as reclamações e as necessidades, até que se externe, robusto e forte?

— Oh! isso mesmo. Perfeitamente!... — gritou Parreira, maravilhado. — Contemplar um Espírito assim, de modo insofismável, sem que eu lhe explique a existência no mecanismo oculto, consolidaria, sem dúvida, a riqueza de minha fé na imortalidade. Isso é tudo quanto peço, tudo, tudo...

Bernardo sorriu, filosoficamente, e acrescentou:

— Mas, Parreira, isso é acontecimento de todo dia e tal manifestação é recente sob o teto que nos acolhe. Ainda agora, na quinzena passada, você recebeu semelhante bênção, asilando no próprio lar um viajante de outras esferas, com a obrigação de ajudá-lo até que se enuncie sem vacilação de qualquer espécie... Esse gênio bondoso e amigo corporificou-se quase em seus braços. Bateu-lhe à porta, que você abriu generosamente. Entrou. Descansou. Permaneceu. E, ainda agora, ligado a você, espera por seu carinho e devotamento, a fim de atender plenamente à própria tarefa...

— Como assim? como assim? — irrompeu Germano, incrédulo. — Nada vi, nada sei, não pode ser...

Mas o benfeitor espiritual, controlando o médium, ergueu-se a passo firme e, demandando aposento próximo, de lá regressou, trazendo leve fardo.

Ante a surpresa dos circunstantes, Bernardo depositou-o com respeitosa ternura no regaço do amigo que ainda argumentava.

Parreira desenovelou curiosamente o pequenino volume e, entre aflito e espantado, encontrou, em plácido sono de recém-nato, o corpo miúdo e quente do próprio filho...

Irmão X

46

NO LAR

Não olvides que teu filho, sendo a materialização de teu sonho, é também tua obra na Terra.

Às vezes é um lírio que plantaste no tempo; contudo, na maioria das ocasiões, é um fragmento de mármore que deixaste a distância.

Flor que te pode encorajar ou pedra que te pode ferir.

Recebe-o, pois, como quem encontra a oportunidade mais santa de trabalho no mundo.

Não lhe abandones o espírito à liberdade absoluta, para que se não perca ao longo da estrada, nem cometas a loucura de encarcerá-lo em teus pontos de vista, para que o teu exclusivismo não lhe desfigure as qualidades inatas para o infinito bem.

Ajuda-o, acima de tudo, a crescer para o ideal superior, assim como auxilias a árvore nascente, em ímpeto ascensional para a luz.

Livra-o das deformidades mentais, tanto quanto proteges o vegetal proveitoso contra a invasão da erva sufocante.

Ser pai é ser colaborador efetivo de Deus na Criação.

Receber um filho é deter entre os homens o mais sagrado depósito.

Não desertes, assim, da abnegação em que deves empenhar todas as forças peculiares à própria vida, a fim de que o rebento de tuas aspirações humanas se faça legítimo sucessor dos teus mais íntimos anseios de elevação.

O lar, na Terra, ainda é o ponto de convergência do passado. Dentro dele, entre as quatro paredes que lhe constituem a expressão no espaço, recebemos todos os serviços que o tempo nos impõe, habilitando-nos ao título de cidadãos do mundo.

Exercitemos, desse modo, o amor e o serviço, a humildade e o devotamento, no templo familiar, à frente de nossos amigos ou adversários do pretérito transformados hoje em nossos parentes ou em nossos filhos, e estaremos alcançando nos problemas da eternidade a mais alta e a mais sublime equação.

EMMANUEL

47

CORAÇÃO MATERNAL

Mãe, que te recolhes no lar atendendo à Divina Vontade, não fujas à renúncia que o mundo te reclama ao coração.

Recebeste no templo familiar o sublime mandato da vida.

Muitas vezes, ergues-te cada manhã, com o suor do trabalho, e confias-te à noite, lendo a página branca das lágrimas que te manam da alma ferida.

Quase sempre, a tua voz passa desprezada, como vazio rumor, no alarido das discussões domésticas, e as tuas mãos diligentes servem, com sacrifício, sem que ninguém lhes assinale o cansaço...

Lá fora, os homens guerreiam entre si, disputando a posse efêmera do ouro ou da fama, da evidência ou da autoridade... Além, a mocidade, em muitas ocasiões, grita festivamente, buscando o mentiroso prazer do momento rápido...

Enquanto isso, meditas e esperas, na solidão da prece com que te elevas ao Alto, rogando a felicidade daqueles de quem te fizeste o gênio guardião.

Luz no lar / Capítulo 47: Coração materno

Quando o santo sobe às eminências do altar, ninguém te vê nas amarguras da base, e quando o herói passa, na rua, coroado de louros, ninguém se lembra de ti na retaguarda de aflição.

Deste tudo e tudo ofereceste; entretanto, raros se recordam de que teus olhos jazem nevoados de pranto e de que padeces angustiosa fome de compreensão e carinho.

No entanto, continuas amando e ajudando, perdoando e servindo...

Se a ingratidão te relega à sombra na Terra, o Criador de tua milagrosa abnegação vela por ti, dos Céus, através do olhar cintilante de milhões de estrelas.

Lembra-te de que Deus, a fonte de todo o amor e de toda a sabedoria, é também o grande anônimo e o grande esquecido entre as criaturas.

Tudo passa no mundo...

Ajuda e espera sempre.

Dia virá em que o Senhor, convertendo os braços da cruz de teus padecimentos em grandes asas de luz, transformará tua alma em astro divino a iluminar para sempre a rota daqueles que te propuseste socorrer.

Meimei

48

TROVAS DE MÃE

Dia das Mães!... Alegrias
Das mais puras, das mais belas!...
Mas é preciso saber
O dia que não é delas.

*

O nosso berço no mundo,
Sem que ninguém o defina,
É um segredo entre a mulher
E a Providência Divina.

*

Mãe possui onde apareça
Dois títulos a contento:
Escrava do sacrifício,
Rainha do sofrimento.

*

Mulher quando se faz mãe,
Seja ela de onde for,
Por fora, é sempre mulher,
Por dentro, é um anjo de amor.

*

Maternidade na vida,
Que o saiba quem não souber,
É uma luz que Deus acende
No coração da mulher.

*

Coração de mãe parece,
No lar em que se aprimora,
Padecimento que ri,
Felicidade que chora.

*

Pela escritura que trago,
Na história dos sonhos meus,
Mãe é uma estrela formada
De uma esperança de Deus.

*

Quantas mães lembram roseira!
Quantos filhos rosas são!...
Quanta rosa junto à festa!
Quanta roseira no chão!...

DELFINA BENIGNA DA CUNHA

49

Em casa

Ninguém foge à Lei da Reencarnação.

*

Ontem, atraiçoamos a confiança de um companheiro, induzindo-o à derrocada moral.

Hoje, guardamo-lo na condição do parente difícil, que nos pede sacrifício incessante.

*

Ontem, abandonamos a jovem que nos amava, inclinando-a ao mergulho na lagoa do vício.

Hoje, temo-la de volta por filha incompreensiva, necessitada do nosso amor.

*

Ontem, colocamos o orgulho e a vaidade no peito de um irmão que nos seguia os exemplos menos felizes.

Hoje, partilhamos com ele, à feição de esposo despótico ou de filho-problema, o cálice amargo da redenção.

*

Ontem, esquecemos compromissos veneráveis, arrastando alguém ao suicídio.

Hoje, reencontramos esse mesmo alguém na pessoa de um filhinho, portador de moléstia irreversível, tutelando-lhe, à custa de lágrimas, o trabalho de reajuste.

*

Ontem, abandonamos a companheira inexperiente, à míngua de todo auxílio, situando-a nas garras da delinquência.

Hoje, achamo-la ao nosso lado, na presença da esposa conturbada e doente, a exigir-nos a permanência no curso infatigável da tolerância.

*

Ontem, dilaceramos a alma sensível de pais afetuosos e devotados, sangrando-lhes o espírito, a punhaladas de ingratidão.

Hoje, moramos no espinheiro em forma de lar, carregando fardos de angústia, a fim de aprender a plantar carinho e fidelidade.

À frente de toda dificuldade e de toda prova, abençoa sempre e faze o melhor que possas.

Ajuda aos que te partilham a experiência, ora pelos que te perseguem, sorri para os que te ferem e desculpa todos aqueles que te injuriam...

A humildade é chave de nossa libertação.

E, sejam quais sejam os teus obstáculos na família, é preciso reconhecer que toda construção moral do Reino de Deus, perante o mundo, começa nos alicerces invisíveis da luta em casa.

Emmanuel

Provação materna

Gritava a nobre anciã, em rede morna e langue:
— Bate, meu filho!... Zurze o chicote a preceito!...
"Um servo é igual ao boi que nasceu para o eito..."
E o filho, Dom Muniz, deixava o servo em sangue.

Dos salões da fazenda ao derradeiro mangue,
Esculpira a fidalga um carrasco perfeito.
Mas vem a morte, um dia, e leva o filho eleito,
A matrona pranteia e larga o corpo exangue...

No Além, cai Dom Muniz em abismos de prova!...
Aflita, a pobre mãe pede a Deus vida nova,
Quer guardá-lo, outra vez, numa estrada sem brilho...

Hoje, mulher sem lar, definha, a pouco e pouco,
E, aos duros repelões de um jovem cego e louco,
Roga, em pranto de amor: "Não me batas, meu filho!...".

VALENTIM MAGALHÃES

51

MENSAGEM DA CRIANÇA AO HOMEM

Construíste palácios que assombram a Terra; entretanto, se me largas ao relento, porque me faltem recursos para pagar hospedagem, é possível que a noite me enregele de frio.

*

Multiplicaste os celeiros de frutos e cereais, garantindo os próprios tesouros; contudo, se me negas lugar à mesa, porque eu não tenha dinheiro a fim de pagar o pão, receio morrer de fome.

*

Levantaste universidades maravilhosas, mas, se me fechas a porta da educação, porque eu não possua uma chave de ouro, temo abraçar o crime sem perceber.

*

Criaste hospitais gigantescos; no entanto, se não me defendes contra as garras da enfermidade, porque eu não te apresente uma ficha de crédito, descerei bem cedo ao torvelinho da morte.

*

Proclamas o bem por base da evolução; todavia, se não tens paciência para comigo, porque eu te aborreça, provavelmente ainda hoje cairei na armadilha do mal, como ave desprevenida no laço do caçador.

*

Em nome de Deus que dizes amar, compadece-te de mim!...

Ajuda-me hoje para que eu te ajude amanhã.

Não te peço o máximo que alguém talvez te venha a solicitar em meu benefício...

Rogo apenas o mínimo do que me podes dar para que eu possa viver e aprender.

MEIMEI

52

Conselho Materno

Ouve, filhinho,
Pelo caminho
Encontrarás
Muita criança
Sem esperança,
Sem luz, sem paz...

    Aves pequenas,
    Guardam apenas
    O pranto e a dor,
    Rolando ao vento
    Do sofrimento
    Esmagador.

Passam a sós,
Erguendo a voz,
Pedindo pão...
Passam em bando,
Dilacerando
O coração.

Luz no lar / capítulo 52: Conselho materno

>Ante a tristeza
>Dessa aspereza,
>Desse amargor,
>Filhinho amigo,
>Dá-lhes abrigo,
>Dá-lhes amor...

És irmãozinho
Do pobrezinho
Que aflito vai...
Nos mesmos trilhos
Nós somos filhos
Do mesmo Pai.

João de Deus

53

Preparação familiar

O problema familiar, por mais que nos despreocupemos dele, buscando fugir à responsabilidade direta, constituirá sempre uma das questões fundamentais da felicidade humana.

É um erro tremendo supor que a morte apaga as recordações, à maneira da esponja que absorve o vinagre na limpeza do vaso culinário. Certamente, os laços menos dignos terminam na sombra do sepulcro, quando suportados valorosamente, e encarados como sacrifício purificador, na existência material. Noventa por cento, talvez, dos matrimônios, infelizes pela ausência de afinidade espiritual, extinguem-se com a morte, que liberta naturalmente as vítimas dos grilhões e dos algozes. O Evangelho de Jesus ensina entre os vivos que Deus não é Deus de mortos, e os que perderam a indumentária carnal, sentindo-se mais vivos que nunca, acrescentam que Deus não é Deus de condenados. Que os Otelos da Terra se previnam, em suas relações com as Desdêmonas virtuosas do mundo, porque, além do cadáver, não poderão apunhalar as esposas livres da carne, e as mulheres ciumentas, desgrenhadas dentro da noite, a gritarem blasfêmias injuriosas contra os maridos inocentes, preparem-se para longo tempo de separação na esfera invisível, onde, na melhor das hipóteses, receberão serviços reeducativos, em seu próprio favor.

A morte seria um monstro terrível se consolidasse as algemas terrestres naqueles que toleraram heroicamente a tirania e o egoísmo de outrem. Além de seus muros de sombra, há castelos sublimes para os que amaram com alma e entesouraram, com o sentimento mais puro, o ideal e a esperança numa vida melhor, e há também precipícios escuros, por onde descem os revoltados, em desespero, por não poderem oprimir e martirizar, por mais tempo, os corações devotados e sensíveis, de que se rodeavam na Terra.

Feita a ressalva, alusiva aos princípios de afinidades que regem a sociedade espiritual, recordemos a missão educativa que o mundo confere ao coração dos pais, em nome de Deus.

Constituiria ato casual da Natureza a reunião de duas criaturas, convertidas em pai e mãe de diversos seres? Mera eventualidade o erguimento de um berço enfeitado de flores?

Diz a Medicina que o fato se resume a simples acontecimento biológico, o estatuto político relaciona mais um habitante a enriquecer o povoamento do solo, e a Teologia sustenta que o Criador acaba de formar outra alma, destinada ao teatro da vida, enquanto a instituição doméstica celebra a ocorrência com desvairada alegria, muito bela sem dúvida, mas vizinha da irreflexão e da irresponsabilidade. É razoável que os pais sintam emoções verdadeiramente sublimes e acolham o rebento de seu amor com indefiníveis transportes de júbilo. Todavia, é necessário acrescentar que a galinha e a leoa fazem o mesmo. Certas aves do sul da Europa chegam a roubar pequeninas joias de damas ricas, a fim de adornarem o ninho venturoso pela chegada dos filhotinhos. Por esse motivo, no círculo da Humanidade, é preciso instituir serviços eficientes contra o carinho inoportuno e esterilizante.

Os filhos não são almas criadas no instante do nascimento, conforme as velhas afirmativas do sacerdócio organizado. São companheiros espirituais de lutas antigas, a quem pagamos débitos sagrados ou de quem recebemos alegrias puras, por créditos de outro tempo. O instituto da família é cadinho sublime de purificação, e o esquecimento dessa verdade custa-nos alto preço na vida espiritual.

É lamentável nosso estado d'alma quando voltamos à vida livre, de coração escravizado ao campo inferior do mundo, em virtude do olvido de nossas obrigações paternais. Em vão, tentaremos ensinar tardiamente as lições da realidade legítima; debalde nos abeiraremos dos corações amados, para recordar a eternidade da vida. Semelhantes impulsos se verificam fora da ocasião desejável, porque a fantasia já solidificou a sua obra e a ilusão modificou a paisagem natural do caminho. Não valem mais o pranto e a lamentação. É indispensável aguardar o tempo da misericórdia, já que menosprezamos o tempo do serviço!

Precatem-se, pois, os pais e mães terrestres, para que não se percam, envenenando o coração dos filhos, à distância do dever e do trabalho. Aniquilem o egoísmo afetuoso que os cega se não querem cavar o abismo futuro!...

Enquanto escrevo, ouço um amigo, já arrebatado igualmente da vida humana, que me pede endereçar aos companheiros encarnados as seguintes ponderações:

— Bem-aventurados os pais pobres de dinheiro ou renome, que não tolhem a iniciativa própria dos filhos nos caminhos da edificação terrestre! Por meio do trabalho áspero e duro, de decepções e dificuldades, ensinam aos rebentos de seu lar que são irmãos dos batalhadores anônimos do mundo, dos humildes, dos calejados, construindo-lhes a ventura em bases sólidas e formando-lhes o coração na fé e no trabalho, antes que venham a perverter o cérebro com vaidades e fantasias! Esses, sim, podem abandonar a Terra, tranquilamente, quando a morte lhes cerrar as pálpebras cansadas... Mas infortunados serão todos os pais ricos de bagagens mundanas, que desfiguram a alma dos filhos, impondo-lhes mentirosa superioridade pelos artificialismos da instrução paga, carregando-lhes a mente de concepções prejudiciais, acerca do mundo e da vida, pelo exercício condenável de uma ternura falsa! Esses, esperem pelas contas escabrosas, porque, de fato, tentaram enganar a Deus, distanciando-lhe os filhos da verdade e da luz divina... Depois da morte do corpo, sentirão a dor de se verem esquecidos no dia imediato ao dos funerais de seus despojos, acompanhando, em vão, como mendigos de amor, os filhos interessados na partilha dos bens, a revelarem atitudes cruéis de egoísmo e ambição!

Com estas palavras de um amigo, finalizo minhas despretensiosas considerações sobre as responsabilidades domésticas, mas duvido que existam pais e filhos na carne com bastante sensatez para nelas acreditarem.

Irmão X

54

SANTA MATERNIDADE

Recordo, castelã!... O narciso trescala
Do teu colo a fulgir de joias soberanas...
Alguém morre na festa... E, soberba, te ufanas
Do jovem que impeliste ao suicídio na sala.

Tempos correram, presto... Entre humildes
⎣choupanas,
Trazes agora ao peito um filhinho sem fala,
Mutilado ao nascer, flor que se despetala,
No trato de aflição da prova em que te fanas...

Restauras, padecente, a vítima de outrora,
Ontem, transviada e ré; hoje, mãe que ama e chora!...
Salve a reencarnação, passaporte ao futuro!

Mãe, agradece a dor!... No porvir que vem perto,
Brilharás como estrela, ante o filho liberto,
E alcançarás, ditosa, o reino do amor puro!...

EPIPHANIO LEITE

55

PAPAI RICO

Conheci Cantídio Pereira em pleno fastígio econômico. Duas fazendas na gleba fluminense e grande conjunto residencial em formosa praia do Rio. Gostava de carros e viagens, diversões e aperitivos. Era, em suma, cavalheiro elegante e bem-posto, relacionando anedotas finas em cada conversação.

Não abraçava o grande amigo, desde muito tempo, quando fui reencontrá-lo, justamente ali, em velha casa consagrada a problemas e assuntos de reencarnação.

Recolhi-o, de encontro ao peito, com a felicidade de quem surpreende um irmão em país diferente, e passamos a falar no mesmo idioma de carinho e recordação.

Ignorando-lhe a mudança da Terra para a Vida Espiritual, era natural me espantasse, não apenas por revê-lo em pessoa, mas também ao verificar-lhe a aflitiva apresentação.

O antigo *gentleman*, que envergava costumes de puro linho inglês nos repastos do Leme, parecia desempenhar agora o papel de mendigo. Veste rota, desajeitada. Amargura, desencanto, tristeza...

Foi por isso, talvez, que às minhas primeiras indagações veladas respondeu sem rebuços:

— Não se admire, meu caro... Não é a morte que opera tamanha transformação. É a própria vida que continua...

— Mas você...

— Não faça perguntas — falou bem-humorado —, explicarei...

E prosseguiu:

— Você provavelmente ainda não sabe que voltei da Terra há dois anos. Tempo bastante para renovar-me em todas as dimensões, apesar de ter vivido por lá mais de setenta. Imagine que meus quatro filhos eram meus quatro amores. Viúvo desde a mocidade, concentrei neles a própria vida. João e Eduardo, Linda e Eunice resumiam meus sonhos. Casados, continuaram a ser minha doce alegria. Além disso, povoaram-me a velhice com quatro netos, que eram para mim claros jorros de sol. Julguei que a morte não nos distanciasse uns dos outros; entretanto, meu amigo, tão logo cerrei os olhos, a paixão do dinheiro endoideceu minha gente. Tudo começou, ao pé das orações que fizeram de boca, por intenção de minha felicidade, no sétimo dia depois da grande separação. Conduzido por mãos amigas ao templo religioso em que se ajuntavam, observei, assombrado, que filhos e filhas, noras e genros se entreolhavam com inesperada desconfiança. Em seguida às preces, Linda e

Eunice começaram a rixar, em nossa casa, pela posse de alguns pratos de porcelana chinesa, não pelo valor afetivo que assinalavam, mas pelo preço a serem vendidos na feira de antiguidades. Chamados à cena, Eduardo e João, com as respectivas esposas, desceram a outras minúcias e, ali mesmo, no santuário doméstico, vi lembranças quebradas, vasos atirados pelas janelas, livros queimados e retratos destruídos com a troca abundante de murros e palavrões. O lar, dantes respeitado, fez-se palco de luta livre. Chorei e implorei concórdia, mas ninguém me sentiu a presença. Na noite desse mesmo dia, meus genros procuraram meus filhos, com pesadas reclamações. Afirmando-se injuriados, exigiam adiantamento sobre a herança. Surpreendidos por ameaças, na solidão do extenso gabinete que me fora refúgio, meus rapazes assinaram cheques vultosos, tomados de ódio silencioso. No dia imediato, um dos genros comprou carro de luxo, iniciando-se em bebedeiras, enquanto o outro dava curso à recalcada predileção pelas corridas, adquirindo cavalos de grande fama. Linda e Eunice reclamaram em vão. Totalmente alterados pelo dinheiro fácil, ambos desgarraram para o vício. Minhas filhas passaram a conhecer dificuldades que nunca viram. Linda, mais sensível, adoeceu, e, porque mostrasse profundo desequilíbrio nervoso, foi recolhida a uma casa de alienados mentais. Eunice enlouqueceu de outro modo... Acompanhando o marido para fiscalizar-lhe as noitadas alegres, aderiu aos prazeres noturnos, caindo em conflitos sentimentais de que somente se livrará Deus sabe quando... João e Eduardo, a princípio unidos pelo interesse, acabaram desavindos... Disputaram a posse das vacas, praguejando entre si... Depois, divergiram quanto à escolha das terras, em seguida venderam-me as casas, devastando-me os bens, assumindo a posição de inimigos ferozes... De bolsos recheados, esqueceram as obrigações de família e puseram-se, desorientados, no tropel da aventura... As noras igualmente, acreditando mais no dinheiro que no trabalho, descambaram para mentiras douradas, apodrecendo em preguiça, e os meus pobres netos são hoje meninos infelizes... Os dois menores estão viciados em gotas entorpecentes e os dois maiores em flagelo de lambreta...

De expressão desenxabida, Pereira ajuntou:

— Nunca recebi dos meus o favor de uma prece realmente sincera, nem o socorro de um só pensamento de gratidão... No fundo, colhi o que semeei... Acima da riqueza amoedada, deveria colocar o trabalho e a educação, a fraternidade e a beneficência... Agora, é preciso voltar à Terra, começar tudo de novo e olvidar a minha tragédia de papai rico...

Nesse ínterim, o dirigente da instituição chamou por ele e pude ouvir o instrutor dizer-lhe, grave:

— Seu pedido de reencarnação, por enquanto, não tem fundamento... Você tem créditos para repousar e preparar-se, por mais quarenta a cinquenta anos, junto de nós...

— Entretanto — falou Cantídio —, tenho pressa... Aspiro a novo corpo de carne, a agir e a esquecer...

— Bem — aduziu o diretor —, para o momento, só dispomos de recurso difícil. Só existe uma oportunidade, já, já... O irmão poderá reencarnar na região do Rio de Janeiro, mas... não na beleza e na glória da grande cidade que tanto amamos, mas sim entre os filhos de um casal de idiotas, no antigo Morro dos Cabritos...

Cantídio, no entanto, longe de aborrecer-se, pôs as mãos postas em sinal de agradecimento e gritou, feliz:

— Obrigado! Obrigado!... Renascer no Morro dos Cabritos, com pouca memória, é muita felicidade!...

E concluiu, transtornado de júbilo:

— Bendito seja Deus!

IRMÃO X

56

MEU FILHO

Filho meu de outro tempo, armei-te de ouro e lança,
Exortei-te a sonhar: "ama, constrói, ensina!...".
E transformaste o mando em presença assassina;
Vejo-te a trilha em fogo onde a memória alcança.

Quis ver-te reencarnado... O amor jamais descansa.
E achei-te — águia enjaulada em gaiola mofina —
Cego e mudo a esmolar e a gemer em surdina.
Trazes luto no peito e chagas na lembrança!...

Chorei ao reencontrar-te em provações supremas...
Louvo, entanto, meu filho, as ríspidas algemas
Da dor a nos zurzir, ao redor de teus passos!...

O pranto lavará nossas culpas longevas,
E, um dia, subirás da humilhação nas trevas
Para a glória da luz na concha dos meus braços.

EPIPHANIO LEITE

57

Crianças doentes

Acalentas nos braços o filhinho robusto que o lar te trouxe e, com razão, te orgulhas dessa pérola viva. Os dedos lembram flores desabrochando, os olhos trazem fulgurações dos astros, os cabelos recordam estrigas de luz e a boca assemelha-se a concha nacarada, em que os teus beijos de ternura desfalecem de amor.

Guarda-o, de encontro ao peito, por tesouro celeste, mas estende compassivas mãos aos pequeninos enfermos que chegam à Terra como lírios contundidos pelo granizo do sofrimento.

Para muitos deles, o dia claro inda vem muito longe...

São aves cegas que não conhecem o próprio ninho, pássaros mutilados esmolando socorro em recantos sombrios da floresta do mundo!... Às vezes, parecem anjos pregados na cruz de um corpo paralítico ou mostram no olhar a profunda tristeza da mente anuviada de densas trevas.

Há quem diga que devem ser exterminados para que os homens não se inquietem; contudo, Deus, que é a bondade perfeita, no-los confia hoje, para que a vida, amanhã, se levante mais bela.

Diante, pois, do teu filhinho quinhoado de reconforto, pensa neles!... São nossos outros filhos do coração, que volvem das existências passadas, mendigando entendimento e carinho, a fim de que se desfaçam dos débitos contraídos consigo mesmos...

Entretanto, não lhes aguardes rogativas de compaixão, uma vez que, por agora, sabem tão somente padecer e chorar.

Enternece-te e auxilia-os quanto possas!...

E, cada vez que lhes ofertes a hora de assistência ou a migalha de serviço, o leito agasalhante ou a lata de leite, a peça de roupa ou a carícia do talco, perceberás que o júbilo do Bem Eterno te envolve a alma no perfume da gratidão e na melodia da bênção.

MEIMEI

58

O IRMÃOZINHO

Quando nasceu Antoninho,
Disse vovó, com carinho:

— Nesta adorável criança,
Temos mais uma esperança!

Ganhamos um novo amigo
Que procura nosso abrigo.

É um Espírito que vem
Buscar a verdade e o bem;

Crescerá, junto de nós,
Terá força, terá voz...

Agora, é um bebê risonho,
No berço feito de sonho:

Amanhã, que se comporte,
Será homem nobre e forte.

Seu coração está cheio
Da grande luz de onde veio.

Ele volta ao nosso nível
Da imensa esfera invisível,

> Procurando amor e luz
> Para servir a Jesus.

Em seguida, vovozinha
Beijou-lhe a face branquinha,

> E falou, findo o intervalo:
> — Deus nos ajude a guardá-lo.

JOÃO DE DEUS

59

Pais e filhos

Nas vésperas da reencarnação, sou impelido a falar-vos de minha bancarrota espiritual!...
Instrutores e guardiães recomendam-me destacar a importância do ouvido...
Conseguiria, no entanto, ensinar alguma coisa?
Devo compreender a razão dessa ordem.
Nada possuo de bom para dar; contudo, as vítimas da calúnia conseguem reter o doloroso privilégio de exibir a própria falência!...
Ó Deus de Amor, dai-me forças para confessar a verdade, apenas a verdade!...
Pedreiro modesto, órfão de mãe desde a meninice, casei-me por amor, embora contra os desígnios de meus irmãos, que me reservavam noiva diferente. Garantindo-me a escolha, porém, estava nosso pai a meu lado — o abnegado pai que amadurecera o raciocínio nas dificuldades do mundo e iluminara o coração no conhecimento do Espiritismo. Carinhoso, assegurou-me o enlace, aprovou-me as decisões e intentou preparar-me, diante da vida, dispensando-me

ensinamentos que eu simulava aceitar, de modo a lhe não perder a complacência e a ternura...

Seis anos passaram sem que a hostilidade familiar contra minha mulher esmorecesse, seis anos de maledicência na base da perseguição cordial...

Alice, a companheira inexperiente, proporcionara-me dois filhos queridos, quando se engravidou pela terceira vez.

Nessa época, o veneno já me corroera a confiança.

Apontava-se amigo nosso de infância como sendo o responsável pelos supostos desacertos daquela que a Providência Divina me colocara nas mãos por esposa leal.

Circunstâncias provocadas pelos que mostravam interesse em nossa desunião, falsos testemunhos, bilhetes anônimos e difamações fantasiadas de bons conselhos acabaram por arruinar-me...

Discutimos.

Acusei-a, defendeu-se. Chorou, escarneci...

E, para fiscalizar-lhe a conduta, transferi-me para a casa paterna, ameaçando tomar-lhe as crianças, através do desquite. Para isso, porém, queria provas, tinha fome de confirmações do inexistente.

Meu pai surgia conciliador:

— Meu filho, paternidade é compromisso perante Deus...

— Você não tem direito de proceder assim...

— Onde a caridade para com a esposa ingênua?...

— Mesmo que ela errasse, constituiria isso motivo para uma sentença de abandono implacável?

— Há comportamentos ditados por desequilíbrios espirituais que não conhecemos na origem...

— Pense nas tragédias da obsessão que campeiam no mundo...

— E os pequeninos? Terão eles a culpa de nossas perturbações?

— Recorramos à prece, meu filho!... A prece nos clareará o caminho...

Silenciava, ao recolher-lhe as advertências, em face da veneração que lhe tributava, mas, no íntimo, articulava minhas respostas não manifestas: "orarei pela boca do revólver", "pobre pai", "bobo de velho com 76 anos", "cabeça tonta", "caduco", "fanático"...

E, noite a noite, espreitava, de longe, os movimentos de Alice, à feição da serpente vigiando a furna de que aparentemente desertara.

Duas semanas decorreram, normais, quando sobreveio o momento em que lobriguei o vulto de um homem que saía de nossa casa...

Seria o rival...

Guardei segredo e prossegui na tocaia.

Mais quatro dias e o mesmo homem chegou de carro, despediu-se do motorista e entrou...

Puxei o relógio. Onze horas e quinze minutos. Noite quente.

Prevenido, acerquei-me da moradia, que se localizava em subúrbio remoto.

Encontraram-se os dois com mostras de intimidade e, a distância, notei que se acomodavam num banco de pedra do pátio lateral, que a sombra envolvia. Conversavam sugerindo carinho mútuo. Enxergava-lhes o perfil, mergulhado em penumbra, conquanto não lhes ouvisse as palavras, e estudei, friamente, a posição que ocupavam na peça estreita.

Desvairado, consultei o portão de entrada, verificando-o semiaberto. Acesso fácil.

Com a sagacidade de um felino, avancei, descarregando a arma nos dois.

Ouvi gritos, mas ocultei-me na vizinhança para fugir em seguida, a sentir-me vingado.

Não vacilaria arrostar a polícia, se necessário.

Tentando refrigerar a cabeça, procurei descansar algumas horas em praia deserta. Entreguei o revólver à lama de esgoto esquecido e voltei a casa para saber, aterrado, que eu não apenas assassinara minha esposa, mas também meu abnegado pai que a socorria...

Não acreditei.

Corri ao necrotério e, ao reconhecê-los, tornei ao lar, atormentado pelo remorso, e enforquei-me, sem dar outra impressão que não fosse a de um homem que a dor fizera delirar, atirando-o ao suicídio...

Exilado por minha própria crueldade, em vales tenebrosos, nunca mais vi os que amo...

Entendereis o que sofro?

Quantos anos passaram sobre os meus crimes? Não sei... Os que choram sem o controle do tempo não sabem contar as horas...

Misericórdia, meu Deus!...

Dai-me a reencarnação, os empeços da Terra, a luta, a provação e o esquecimento, mas ainda que eu padeça humilhação e surdez, durante séculos, permiti, Senhor, que eu aprenda a escutar!...

JOÃO

60

O CULTO CRISTÃO NO LAR

Povoara-se o firmamento de estrelas, dentro da noite prateada de luar, quando o Senhor, instalado provisoriamente em casa de Pedro, tomou os Sagrados Escritos e, como se quisesse imprimir novo rumo à conversação que se fizera improdutiva e menos edificante, falou com bondade:

— Simão, que faz o pescador quando se dirige para o mercado com os frutos de cada dia?

O Apóstolo pensou alguns momentos e respondeu, hesitante:

— Mestre, naturalmente escolhemos os peixes melhores. Ninguém compra os resíduos da pesca.

Jesus sorriu e perguntou de novo:

— E o oleiro? que faz para atender à tarefa a que se propõe?

— Certamente, Senhor — redarguiu o pescador, intrigado —, modela o barro, imprimindo-lhe a forma que deseja.

O Amigo Celeste, de olhar compassivo e fulgurante, insistiu:

— E como procede o carpinteiro para alcançar o trabalho que pretende?

O interlocutor, muito simples, informou sem vacilar:

— Lavrará a madeira, usará a enxó e o serrote, o martelo e o formão. De outro modo, não aperfeiçoará a peça bruta.

Calou-se Jesus, por alguns instantes, e aduziu:

— Assim, também, é o lar diante do mundo. O berço doméstico é a primeira escola e o primeiro templo da alma. A casa do homem é a legítima exportadora de caracteres para a vida comum. Se o negociante seleciona a mercadoria, se o marceneiro não consegue fazer um barco sem afeiçoar a madeira aos seus propósitos, como esperar uma comunidade segura e tranquila sem que o lar se aperfeiçoe? A paz do mundo começa sob as telhas a que nos acolhemos. Se não aprendemos a viver em paz entre quatro paredes, como aguardar a harmonia das nações? Se nos não habituamos a amar o irmão mais próximo, associado à nossa luta de cada dia, como respeitar o Eterno Pai que nos parece distante?

Jesus relanceou o olhar pela sala modesta, fez pequeno intervalo e continuou:

— Pedro, acendamos aqui, em torno de quantos nos procuram a assistência fraterna, uma claridade nova. A mesa de tua casa é o lar de teu pão. Nela, recebes do Senhor o alimento para cada dia. Por que não instalar, ao redor dela, a sementeira da felicidade e da paz na conversação e no pensamento?

O Pai, que nos dá o trigo para o celeiro, através do solo, envia-nos a luz através do Céu. Se a claridade é a expansão dos raios que a constituem, a fartura começa no grão. Em razão disso, o Evangelho não foi iniciado sobre a multidão, mas sim no singelo domicílio dos pastores e dos animais.

Simão Pedro fitou no Mestre os olhos humildes e lúcidos e, como não encontrasse palavras adequadas para explicar-se, murmurou, tímido:

— Mestre, seja feito como desejas.

Então Jesus, convidando os familiares do apóstolo à palestra edificante e à meditação elevada, desenrolou os escritos da sabedoria e abriu, na Terra, o primeiro culto cristão do lar.

Neio Lúcio

61

CONFISSÃO MATERNA

Sou trazida a narrar-vos triste episódio de minha derradeira experiência no mundo.
Onde, porém, as palavras que me possam exprimir a desolação?
Ainda assim, amigos espirituais asseveram que devo falar às mães, e obedeço...
A Providência Divina honrou-me o coração, concedendo-me um lar na Terra, mas, dentro dele, era eu a irritação em movimento.
Nunca cheguei a examinar minha cegueira de espírito. Em minha inquietação e egoísmo, dedicava-me a descobrir as faltas alheias. Respirando, entre a maledicência e a desconfiança, notava golpes nos mínimos gestos de amizade espontânea.
O próprio tempo não escapava. Toda temperatura, no curso de cada dia, me encontrava despejando condenação:
— A chuva ensopa...
— O calor asfixia...
— Vento de peste...

— Melhor que o frio nos mate a todos...
Qualquer bagatela me arrancava blasfêmias:
— Deus não me atende!...
— Não oro mais...
— Por que não morri na hora do nascimento?
— De todas as mulheres, sou a mais infeliz...

Alimentando a ira por vício, estimava que os outros me acreditassem enferma, sem perceber que me transformava, a pouco e pouco, em fera humana, sob a jaula da pele.

Se meu esposo, leal e amigo, surgia calmo, esbravejava contra ele, acusando-o de inerte; se ponderava quanto a despesas desnecessárias, chamava-lhe, de imediato, unha de fome; se me estendia alguma dádiva menos cara, interpretava-lhe a gentileza por sovinice; se me ofertava uma lembrança de preço, queixava-me da mesma forma, gritando-lhe em rosto que ele nunca passara de um mané gastador...

Foi nessa disposição insensata que me ergui, excitada, no dia terrível da provação.

Às sete da manhã, acordei meu filhinho de oito anos para as lides da escola e escutei-o a choramingar:

— Estou doente, mãezinha, hoje quero ficar com a senhora, não posso sair, tenho dor de cabeça...

Precipitada, frenética, não me contive e bradei:

— Preguiçoso! Trate de levantar-se! Doente com essa cara! Era só o que faltava... Chega o que sofro!...

— Mãezinha, deixe que eu fique! Hoje só...

— Levante-se, levante-se, menino!

Transtornada, sentei-o à força.

Ordenei-lhe que se calçasse, ao que se opôs, pedindo, suplicante:

— Mamãe, não me deixe ir!... Hoje só...

Encolerizada, tomei de um dos seus sapatos, colocando-o no pé, com a violência de quem espanca, e ouvi-o clamar em altos gemidos:

— Ai! ai, mãezinha!... um espinho, um espinho!...

Sujeitei-o, com mais energia, ao calçado, alegando, arbitrária:

— Malandro, não me venha com mentiras! Escola ou surra!...

Nisso, porém, meu filhinho empalideceu e desmaiou... Retirei o sapato e vi que um escorpião, escondido no fundo, lhe descarregara todo o veneno...

Ó Deus de Infinita Bondade, Tu que foste imensamente piedoso para confiar um anjo a uma leoa, por que não eliminaste a leoa para que o anjo conseguisse viver?!

O que se passou alcança o indescritível.

Apesar de toda a medicação, em breve tempo minha ternura, que a dor desentranhara ao rebentar-me o coração de pedra, apertava simplesmente um cadáver miúdo, de encontro ao peito...

As horas no relógio continuaram as mesmas; entretanto, de minha parte, não mais me reconheci.

"Ai! ai, mãezinha!... um espinho, um espinho!..." Aquelas palavras gemidas cresceram em minha alma. Jamais o equilíbrio, não mais a esperança. Minha cabeça encaneceu, meu pensamento destrambelhou... Chorei até que meus olhos parassem, alucinados, na noite da loucura; acusei-me até que o manicômio me asilasse e até que o manicômio me escondesse, piedoso, o agoniado transe da morte!...

Desencarnada, encontrei a mim própria, dementada, atormentada, arrependida, padecente... Amparada por benditos mensageiros da caridade, tenho recolhido o consolo de vários círculos consagrados à prece.

Dizem que os supostos mortos devem falar às criaturas em aprendizado na Terra, para que as criaturas da Terra lhes aproveitem o aprendizado. Será talvez por isso que, hoje, algo reanimada para abraçar o trabalho reeducativo que me espera, estou sustentada por benfeitores, entre os vossos ouvidos, não somente para rogar-vos um pensamento de auxílio, mas também para repetir às irmãs, a quem Deus confiou as alegrias do lar:

— Mães que pisais no mundo, compadecei-vos de vossos filhos!... Corrigi, amando! Ensinai, servindo! À frente de qualquer dificuldade, conservai a paciência e cultivai a oração!...

Dulce

62

PAZ EM CASA

Em qualquer casa onde entrardes, dizei antes: "paz seja nesta casa".

(*Lucas*, 10:5.)

Compras na Terra o pão e a vestimenta, o calçado e o remédio, menos a paz.

Dar-te-á o dinheiro residência e conforto, com exceção da tranquilidade de espírito.

Eis por que nos recomenda Jesus venhamos a dizer, antes de tudo, ao entrarmos numa casa: "paz seja nesta casa".

A lição exprime vigoroso apelo à tolerância e ao entendimento.

No limiar do ninho doméstico, unge-te de compreensão e de paciência, a fim de que não penetres o clima dos teus, à feição de inimigo familiar.

Se alguém está fora do caminho desejável ou se te desgostam arranjos caseiros, mobiliza a bondade e a cooperação para que o mal se reduza.

Se problemas te preocupam ou apontamentos te humilham, cala os próprios aborrecimentos, limitando as inquietações.

Recebe a refeição por bênção divina.

Usa portas e janelas, sem estrondos brutais.

Não movas objetos, de arranco.

Foge à gritaria inconveniente.

Atende ao culto da gentileza.

Há quem diga que o lar é o ponto de desabafo, o lugar em que a pessoa se desoprime. Reconhecemos que sim; entretanto, isso não é razão para que ele se torne em praça onde a criatura se animalize.

Pacifiquemos nossa área individual para que a área dos outros se pacifique.

Todos anelamos a paz do mundo; no entanto, é imperioso não esquecer que a paz do mundo parte de nós.

EMMANUEL

63

CREDORES NO LAR

No devotamento dos pais, todos os filhos são joias de luz; entretanto, para que compreendas certos antagonismos que te afligem no lar, é preciso saibas que, entre os filhos-companheiros que te apoiam a alma, surgem os filhos-credores, alcançando-te a vida por instrutores de feição diferente.

Subtraindo-te aos choques de caráter negativo, no reencontro, preceitua a eterna bondade da Justiça Divina que a reencarnação funcione, reconduzindo-os à tua presença, pelo berço. É por isso que, a princípio, não ombreiam contigo, em casa, como de igual para igual, porquanto reaparecem humildes e pequeninos.

Chegam frágeis e emudecidos para que lhes ensines a palavra de apaziguamento e brandura.

Não te rogam a liquidação de débitos, na intimidade do gabinete, e sim procuram-te o colo para nova fase de entendimento.

Respiram-te o hálito e escoram-se em tuas mãos, instalando-se em teus passos para a transfiguração do próprio destino.

Embora desarmados, controlam-te os sentimentos.

Não obstante dependerem de ti, alteram-te as decisões com simples olhar.

De doces numes do carinho, passam, com o tempo, à condição de examinadores constantes de tua estrada.

Governam-te os impulsos, fiscalizam-te os gestos, observam-te as companhias e exigem-te as horas.

Reaprendem na escola do mundo com o teu amparo; todavia, à medida que se desenvolvem no conhecimento superior, transformam-se em inspetores intransigentes do teu grau de instrução.

Muitas vezes choras e sofres, tentando adivinhar-lhes os pensamentos para que te percebam os testemunhos de amor.

Calas os próprios sonhos para que os sonhos deles se realizem.

Apagas-te, a pouco e pouco, para que julguem em teu lugar.

Recebes todas as dores que te impõem à alma, com sorrisos nos lábios, conquanto te amarfanhem o coração.

E nunca possuis o bastante para abrilhantar-lhes a existência, uma vez que tudo lhes dás de ti mesmo, sem faturas de serviço e sem notas de pagamento.

*

Quando te vejas, diante de filhos crescidos e lúcidos, erguidos à condição de dolorosos problemas do espírito, recorda que são eles credores do passado a te pedirem o resgate de velhas contas.

Busca auxiliá-los e sustentá-los com abnegação e ternura, ainda que isso te custe todos os sacrifícios, porque, no justo instante em que a consciência te afirme tudo haveres efetuado para enriquecê-los de educação e trabalho, dignidade e alegria, terás conquistado, em silêncio, o luminoso certificado de tua própria libertação.

EMMANUEL

64

COMPAIXÃO EM FAMÍLIA

Mas se alguém não tem cuidado dos seus e, principalmente, dos da sua família, negou a fé... – Paulo.

(*I Timóteo*, 5:8.)

São muitos assim.

Descarregam primorosa mensagem nas assembleias, exortando o povo à compaixão; bordam conceitos e citações, a fim de que a brandura seja lembrada; entretanto, no instituto doméstico, são carrascos de sorriso na boca.

Traçam páginas de subido valor em honra da virtude, comovendo multidões, mas não gravam a mínima gentileza nos corações que os cercam entre as paredes familiares.

Promovem subscrições de auxílio público em socorro das vítimas de calamidades ocorridas em outros continentes, transformando-se em titulares da grande benemerência; contudo, negam simples olhar de carinho ao servidor que lhes põe a mesa.

Incitam a comunidade aos rasgos de heroísmo econômico no levantamento de albergues e hospitais, disputando créditos publicitários em torno do próprio nome; entretanto, não hesitam exportar, no rumo do asilo, o avô menos feliz que a provação expõe à caducidade.

Não seremos nós quem lhes vá censurar semelhante procedimento.

Toda migalha de amor está registrada na Lei, em favor de quem a emite.

Mais vale fazer bem aos que vivem longe, que não fazer bem algum.

Ajudemos, sim, ajudemos aos outros, quanto nos seja possível; entretanto, sejamos bons para com aqueles que respiram em nosso hálito. Devedores de muitos séculos, temos em casa, no trabalho, no caminho, no ideal ou na parentela, as nossas principais testemunhas de quitação.

EMMANUEL

65

MÃE, DEUS TE ABENÇOE!...

Quero, Mãezinha, agradecer-te, em festa, por tudo o que me dás ao coração, entretecer-te uma canção modesta, mas todo esforço é vão...

Se pudesse dizer a gratidão que sinto por teu santo carinho protetor, precisaria conhecer na essência toda a glória do amor.

Tens o segredo da Bondade Eterna, Deus me acena e sorri por tua face... Não há sábio no mundo que defina o Sol quando aparece, o lírio quando nasce!...

Falar de ti, mostrar-te? Isso seria como explicar da Terra, olhando a Altura, a doce maravilha de uma estrela a guiar o viajor em noite escura.

Converto em prece o reconhecimento, que de meu peito humilde se extravasa, rogando ao Céu te envolva em rosas de ventura, anjo sustentador de nossa casa!...

Deus te guarde, mãezinha, pelo berço, descuidado e risonho, em que me acalentaste para a vida, como flor de teu sonho.

Deus te engrandeça pelos sacrifícios e pelos sofrimentos que te impus, quando em pranto escondido te arrasavas para ser minha luz.

Deus te compense pelas noites tristes de aflição que te dei, pelo perdão de tantas vezes, tantas!... Quantas foram, não sei...

Deus te enalteça a fonte de ternura, que nunca se enodoa nem se cansa, pelo cuidado com que me restauras, ante o dom do trabalho e a força da esperança!

Perdoa se te oferto unicamente, na minha devoção de todo dia, o meu ramo de flores orvalhadas nas lágrimas que choro de alegria!

Com júbilos divinos, Mãe querida, que a Celeste Bondade te coroe!... Por tudo o que nos dás nos caminhos da vida, Deus te exalte e abençoe!...

MARIA DOLORES

O LIVRO ESPÍRITA

Cada livro edificante é porta libertadora.

O livro espírita, entretanto, emancipa a alma nos fundamentos da vida.

O livro científico livra da incultura; o livro espírita livra da crueldade, para que os louros intelectuais não se desregrem na delinquência.

O livro filosófico livra do preconceito; o livro espírita livra da divagação delirante, a fim de que a elucidação não se converta em palavras inúteis.

O livro piedoso livra do desespero; o livro espírita livra da superstição, para que a fé não se abastarde em fanatismo.

O livro jurídico livra da injustiça; o livro espírita livra da parcialidade, a fim de que o direito não se faça instrumento da opressão.

O livro técnico livra da insipiência; o livro espírita livra da vaidade, para que a especialização não seja manejada em prejuízo dos outros.

O livro de agricultura livra do primitivismo; o livro espírita livra da ambição desvairada, a fim de que o trabalho da gleba não se envileça.

O livro de regras sociais livra da rudeza de trato; o livro espírita livra da irresponsabilidade que, muitas vezes, transfigura o lar em atormentado reduto de sofrimento.

O livro de consolo livra da aflição; o livro espírita livra do êxtase inerte, para que o reconforto não se acomode em preguiça.

O livro de informações livra do atraso; o livro espírita livra do tempo perdido, a fim de que a hora vazia não nos arraste à queda em dívidas escabrosas.

Amparemos o livro respeitável, que é luz de hoje; no entanto, auxiliemos e divulguemos, quanto nos seja possível, o livro espírita, que é luz de hoje, amanhã e sempre.

O livro nobre livra da ignorância, mas o livro espírita livra da ignorância e livra do mal.

EMMANUEL[1]

---

[1] Página recebida pelo médium Francisco Cândido Xavier, em reunião pública da Comunhão Espírita Cristã, na noite de 25 de fevereiro de 1963, em Uberaba (MG), e transcrita em *Reformador*, abr. 1963, p. 9.

LITERATURA ESPÍRITA

Em qualquer parte do mundo, é comum encontrar pessoas que se interessem por assuntos como imortalidade, comunicação com Espíritos, vida após a morte e reencarnação. A crescente popularidade desses temas pode ser avaliada com o sucesso de vários filmes, seriados, novelas e peças teatrais que incluem em seus roteiros conceitos ligados à Espiritualidade e à alma.

Cada vez mais, a imprensa evidencia a literatura espírita, cujas obras impressionam até mesmo grandes veículos de comunicação devido ao seu grande número de vendas. O principal motivo pela busca dos filmes e livros do gênero é simples: o Espiritismo consegue responder, de forma clara, perguntas que pairam sobre a Humanidade desde o princípio dos tempos. Quem somos nós? De onde viemos? Para onde vamos?

A literatura espírita apresenta argumentos fundamentados na razão, que acabam atraindo leitores de todas as idades. Os textos são trabalhados com afinco, apresentam boas histórias e informações coerentes, pois se baseiam em fatos reais.

Os ensinamentos espíritas trazem a mensagem consoladora de que existe vida após a morte, e essa é uma das melhores notícias que podemos receber quando temos entes queridos que já não habitam mais a Terra. As conquistas e os aprendizados adquiridos em vida sempre farão parte do nosso futuro e prosseguirão de forma ininterrupta por toda a jornada pessoal de cada um.

Divulgar o Espiritismo por meio da literatura é a principal missão da FEB, que, há mais de cem anos, seleciona conteúdos doutrinários de qualidade para espalhar a palavra e o ideal do Cristo por todo o mundo, rumo ao caminho da felicidade e plenitude.

O EVANGELHO NO LAR

Quando o ensinamento do Mestre vibra entre quatro paredes de um templo doméstico, os pequeninos sacrifícios tecem a felicidade comum.[1]

Quando entendemos a importância do estudo do Evangelho de Jesus, como diretriz ao aprimoramento moral, compreendemos que o primeiro local para esse estudo e vivência de seus ensinos é o próprio lar.

É no reduto doméstico, assim como fazia Jesus, no lar que o acolhia, a casa de Pedro, que as primeiras lições do Evangelho devem ser lidas, sentidas e vivenciadas.

O espírita compreende que sua missão no mundo principia no reduto doméstico, em sua casa, por meio do estudo do Evangelho de Jesus no Lar.

Então, como fazer?

Converse com todos que residem com você sobre a importância desse estudo, para que, em família, possam compreender melhor os ensinamentos cristãos, a partir de um momento de união fraterna, que se desenvolverá de maneira harmônica e respeitosa. Explique que as reflexões conjuntas acerca do Evangelho permitirão manter o ambiente da casa espiritualmente saneado, por meio de sentimentos e pensamentos elevados, favorecendo a presença e a influência de Mensageiros do Bem; explique, também, que esse momento facilitará, em sua residência, a recepção do amparo espiritual, já que auxilia na manutenção de elevado padrão vibratório no ambiente e em cada um que ali vive.

Convide sua família, quem mora com você, para participar. Se mora sozinho, defina para você esse momento precioso de estudo e reflexões. Lembre-se de que, espiritualmente, sempre estamos acompanhados.

Escolha, na semana, um dia e horário em que todos possam estar presentes.

O tempo médio para a realização do Evangelho no Lar costuma ser de trinta minutos.

---

[1] XAVIER, Francisco Cândido. *Luz no lar*. Por Espíritos diversos. 12. ed. 7. imp. Brasília: FEB, 2018. Cap. 1.

As crianças são bem-vindas e, se houver visitantes em casa, eles também podem ser convidados a participar. Se não forem espíritas, apenas explique a eles a finalidade e importância daquele momento.

O seguinte roteiro pode ser utilizado como sugestão:

1. Preparação: leitura de mensagem breve, sem comentários;
2. Início: prece simples e espontânea;
3. Leitura: *O evangelho segundo o espiritismo* (um ou dois itens, por estudo, desde o prefácio);
4. Comentários: breves, com a participação dos presentes, evidenciando o ensino moral aplicado às situações do dia a dia;
5. Vibrações: pela fraternidade, paz e pelo equilíbrio entre os povos; pelos governantes; pela vivência do Evangelho de Jesus em todos os lares; pelo próprio lar...
6. Pedidos: por amigos, parentes, pessoas que estão necessitando de ajuda...
7. Encerramento: prece simples, sincera, agradecendo a Deus, a Jesus, aos amigos espirituais.

As seguintes obras podem ser utilizadas nesse momento tão especial:

- *O evangelho segundo o espiritismo*, como obra básica;
- *Caminho, verdade e vida; Pão nosso; Vinha de luz; Fonte viva; Agenda cristã.*

Esse momento no lar não se trata de reunião mediúnica e, portanto, qualquer ideia advinda pela via da intuição deve permanecer como comentário geral, a ser dito de maneira simples, no momento oportuno.

No estudo do Evangelho de Jesus no Lar, a fé e a perseverança são diretrizes ao aprimoramento moral de todos os envolvidos.

Livro espírita para um novo mundo
www.febeditora.com.br
@febeditoraoficial
@febeditora

Conselho Editorial:
Carlos Roberto Campetti
Cirne Ferreira de Araújo
Evandro Noleto Bezerra
Geraldo Campetti Sobrinho – Coord. Editorial
Jorge Godinho Barreto Nery – Presidente
Maria de Lourdes Pereira de Oliveira
Miriam Lúcia Herrera Masotti Dusi

Produção Editorial:
Elizabete de Jesus Moreira

Capa:
Paulo Márcio Moreira

Diagramação:
Thiago Pereira Campos

Projeto Gráfico:
Fátima Agra

Normalização Técnica:
Biblioteca de Obras Raras e Documentos Patrimoniais do Livro

Esta edição foi impressa no sistema de Impressão pequenas tiragens, em formato fechado de 140x210 mm e com mancha de 90x182 mm. Os papéis utilizados foram o Off white 80 g/m² para o miolo e o Cartão 250 g/m² para a capa. O texto principal foi composto em Bell MT 12,5/16 e os títulos em Meta-Bold 18/18. Impresso no Brasil. *Presita en Brazilo.*